Autor

Dr. Andreas Zanner

AF888176

Rechtsratgeber Corporate Finance

3. überarbeitete Auflage 2010
© cometis publishing GmbH & Co. KG, Unter den Eichen 7, 65195 Wiesbaden.
Alle Rechte vorbehalten.
Coverfoto: cometis publishing GmbH & Co. KG, ImagePoint AG 567212

Das Werk ist einschließlich aller seiner Teile urheberrechtlich geschützt. Jede Verwertung außerhalb der engen Grenzen des Urheberrechtsgesetzes ist ohne Zustimmung der cometis publishing GmbH & Co. KG unzulässig und strafbar. Dies gilt insbesondere für Vervielfältigungen, Mikroverfilmungen und die Einspeicherung oder Verarbeitung in elektronischen Systemen.

Die Wiedergabe von Gebrauchsnamen, Handelsnamen, Warenbezeichnungen usw. in diesem Werk berechtigt auch ohne besondere Kennzeichnung nicht zu der Annahme, dass solche Namen im Sinne der Warenzeichen- und Markenschutz-Gesetzgebung als frei zu betrachten wären und daher von jedermann benutzt werden dürften.

Anmerkung:
Die Erläuterungen und Interpretationen der einzelnen Gliederungspunkte geben zum Teil die persönliche Einschätzung des Autors wieder. Trotz sorgfältiger Recherche und Prüfung der Inhalte kann eine Garantie oder Haftung für die Richtigkeit oder Vollständigkeit nicht übernommen werden.

ISBN 978-3-940828-68-2

Vorwort des Autors

Mit dem Begriff Corporate Finance werden sowohl Unternehmenstransaktionen als auch unterschiedliche Formen der Unternehmensfinanzierung zusammengefasst. Als Folge von Internationalisierung, Umstrukturierung und Flexibilisierung der Wirtschaft werden Corporate Finance-Produkte auch für den Mittelstand zunehmend an Bedeutung gewinnen. Die damit verbundenen Management-Aufgaben erweisen sich als komplex und risikoträchtig. Sie erfordern nicht nur ein profundes finanzwirtschaftliches Wissen, sondern in weitem Umfang auch den Überblick über die wichtigsten rechtlichen Zusammenhänge der einzelnen Corporate Finance-Produkte.

An dieser Stelle setzt der vorliegende Rechtsratgeber Corporate Finance an. Ziel des Ratgebers ist es, die rechtlichen Grundaussagen zu den wichtigsten Corporate Finance-Produkten in prägnanter und transparenter Weise darzustellen. Dies geschieht durch die übersichtliche und graphische Aufbereitung des Stoffes. Auf diese Weise soll gewährleistet werden, dass sich der Leser die wesentlichen rechtlichen Grundzüge zum jeweiligen Corporate Finance-Produkt zügig und zugleich strukturiert erschließen kann.

Zielgruppe des Ratgebers sind vor allem Unternehmer und Leitungsorgane von Unternehmen, die sich mit dem Corporate Finance-Geschäft aus einem rechtlichen Blickwinkel heraus vertraut machen möchten. Daneben kann der Ratgeber auch Wirtschaftsprüfern, Steuer- und Unternehmensberatern, Investmentbankern, M&A-Beratern, Rechtsanwälten, Kommunikationsberatern sowie Wirtschaftsjournalisten von Nutzen sein.

Dr. Andreas Zanner

Fragen, Anregungen und Kommentare bitte an: **rechtsratgeber@cometis.de**

Inhaltsverzeichnis

Inhaltsverzeichnis

Inhaltsverzeichnis

Inhaltsverzeichnis

Abkürzungsverzeichnis

ABS-Transaktion	Asset-Backed Securities-Transaktion
Abs.	Absatz
AfA	Absetzung (Abschreibung) für Abnutzung
AG	Aktiengesellschaft
AktG	Aktiengesetz
BaFin	Bundesanstalt für Finanzdienstleistungsaufsicht
BGB	Bürgerliches Gesetzbuch
BKartA	Bundeskartellamt
bzw.	beziehungsweise
ca.	circa
CP	Commercial Paper (Inhaberschuldverschreibung)
d. h.	das heißt
DIS	Deutsche Institution für Schiedsgerichtsbarkeit
EDV	Elektronische Datenverarbeitung
EStG	Einkommensteuergesetz
etc.	et cetera
EU	Europäische Union
evtl.	eventuell
EWR	Europäischer Wirtschaftsraum
ggf.	gegebenenfalls
GmbH	Gesellschaft mit beschränkter Haftung
GmbHG	GmbH-Gesetz
GmbH & Co. KG	besondere Erscheinungsform der KG, deren persönlich haftende Gesellschafterin (Komplementär) keine natürliche Person, sondern eine GmbH (juristische Person) ist
grdsl.	grundsätzlich
HGB	Handelsgesetzbuch
HV	Hauptversammlung

Abkürzungsverzeichnis

ICC	International Chamber of Commerce
IFRS	International Financial Reporting Standards
IPO	Initial Public Offering
ISIN	International Securities Identification Number (Internationale Wertpapierkennnummer)
KG	Kommanditgesellschaft
KGaA	Kommanditgesellschaft auf Aktien
KStG	Körperschaftsteuergesetz
LOI	Letter of Intent (Absichtserklärung)
M&A	Mergers & Acquisitions
MBO	Management Buy-Out
MBI	Management Buy-In
mind.	mindestens
Mio.	Millionen
Nr.	Nummer
S.	Satz
SEC	U.S. Securities and Exchange Commission
sog.	sogenannte
SPV	Special Purpose Vehicle
u. a.	unter anderem
u. U.	unter Umständen
US GAAP	Generally Accepted Accounting Principles
VC	Venture Capital
VerkProspG	Verkaufsprospektgesetz
vgl.	vergleiche
WpÜG	Wertpapiererwerbs- und Übernahmegesetz
z. B.	zum Beispiel
z. T.	zum Teil

Kapitel 1

Einleitung

1.1 Definition Corporate Finance

Der Begriff Corporate Finance ist in der Praxis der Finanzdienstleister entstanden. Er umfasst sowohl die Unternehmensfinanzierung als auch den weit gezogenen Bereich der Beratung, Planung und Verwirklichung von Finanzierungsstrategien in unternehmerischen Sondersituationen, einschließlich der Umsetzung klassischer und der Entwicklung neuer Finanzstrukturen oder Finanzprodukte. Ein Schwerpunkt des Corporate Finance-Geschäfts ist zunächst die Begleitung und Durchführung von M&A-Transaktionen, also vor allem der Kauf bzw. Verkauf von Unternehmen, die öffentliche Übernahme börsennotierter Unternehmen und die Unternehmensfusion. Dieses Geschäftsfeld ist durch die zunehmende Konzentration der Unternehmen auf ihr Kerngeschäft und die stetig wachsende Globalisierung der Märkte in den letzten Jahren stark gewachsen.

Weitere Schwerpunkte des Corporate Finance-Geschäfts sind alle klassischen, aber auch modernen Formen der Eigenkapital- oder Fremdkapitalfinanzierung eines Unternehmens. Dazu gehören im Bereich der Eigenkapitalfinanzierung sowohl Venture Capital als auch Private Equity und bei der Fremdkapitalfinanzierung neben der traditionellen Kreditfinanzierung auch die Finanzierung mittels Anleihen.

Abb. 1 *Corporate Finance*

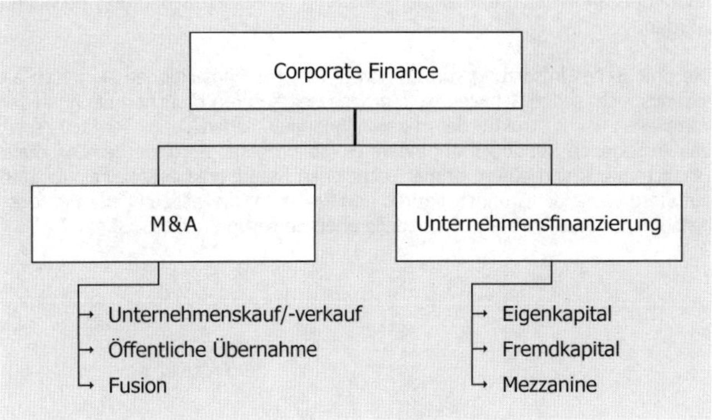

1.2 Bedeutung für den Mittelstand

Mit dem Schlagwort Corporate Finance ist gegenwärtig auch ein Umdenken in der Finanzierungspraxis mittelständischer Unternehmen verbunden. Zwar dominiert der klassische Bankkredit nach wie vor die Finanzierung mittelständischer Unternehmen, doch ist der wachsende Einfluss flexibler und vor allem kapitalmarktorientierter Finanzierungsprodukte auf den Mittelstand unverkennbar. Dahinter stehen insbesondere zwei Ursachen:

- Zum einen befürchten viele kleinere und mittlere Unternehmen, dass sich ihre Finanzierungsbedingungen im Zuge des Wandels der Unternehmensfinanzierung durch »Basel II« verschlechtern werden. Tatsächlich ist diese Sorge nicht unbegründet, denn die Verpflichtung der Kreditinstitute, ihr Engagement abhängig vom Kreditrisiko mit Eigenkapital zu unterlegen, wird zu einer mehr oder weniger starren Einordnung der Unternehmen nach ihrer Bonität führen.

- Andererseits wird der traditionelle Bankkredit – trotz der starken Wettbewerbsintensität im Bankensektor – selbst mittelständischen Unternehmen mit einwandfreier Bonität oftmals nicht zu risikoadäquaten Zinssätzen angeboten.

Vor diesem Hintergrund ist zu erwarten, dass alternative Finanzierungsmodelle für mittelständische Unternehmen zukünftig weiter an Bedeutung gewinnen werden.

Die praktische Umsetzung von Corporate Finance-Transaktionen sieht sich allerdings nicht selten Schwierigkeiten ausgesetzt, deren Ursachen häufig in der komplexen Rechtsstruktur derartiger Maßnahmen liegen. An dieser Stelle setzt das vorliegende Handbuch an, indem es die einzelnen Bereiche der Corporate Finance-Praxis von einem primär rechtlichen Standpunkt aus betrachtet und auf diese Weise die Grundstrukturen und Risiken des jeweiligen Finanzierungsinstruments oder Transaktionsmodells übersichtsartig aufzeigt.

1.3 Hinweise zur Benutzung des Ratgebers

Entsprechend seiner Zielsetzung, potentiellen Erwerbern und Veräußerern von Unternehmen sowie Anbietern und Nachfragern von Finanzprodukten einen Überblick über die wichtigsten rechtlichen Rahmenbedingungen zu geben, ist der Rechtsratgeber anhand der einzelnen Corporate Finance-Produkte aufgebaut.

Der weit gezogene Anwendungsbereich der Corporate Finance-Praxis bringt es dabei mit sich, die Darstellung der verschiedenen Transaktionsmodelle und Finanzinstrumente auf ihre praktisch wichtigsten Erscheinungsformen zu begrenzen. Innerhalb des Transaktionsgeschäfts erfolgt eine Beschränkung auf den Asset und Share Deal, die öffentliche Übernahme eines börsennotierten Unternehmens sowie die Verschmelzung zweier oder mehrerer Gesellschaften. Die Systematisierung der verschiedenen Finanzierungsinstrumente orientiert sich an der Passiv-Seite einer Bilanz und beschränkt sich hierbei auf verschiedene Formen der Außenfinanzierung.

Um dem Leser den Einstieg in die Materie zu erleichtern, werden bei jedem Corporate Finance-Produkt der Reihe nach vier Aspekte differenziert:

- Einleitend wird das jeweilige Instrument anhand seiner Grundstruktur kurz vorgestellt und definiert.

- Im Anschluss daran erfolgt eine Darstellung der wesentlichen rechtlichen Rahmenbedingungen, die für das betreffende Corporate Finance-Produkt bestimmend sind.

- Aus praktischer Sicht von besonderer Bedeutung ist die Beschreibung der wichtigsten rechtlichen Stolpersteine, welche die Durchführung des betreffenden Finanzinstruments bzw. Transaktionsmodells verhindern können.

- Unter dem Thema Einflussrechte/Besicherung werden schließlich die Befugnisse bzw. Sicherungsrechte zusammengefasst, die von Seiten des Finanzgebers abhängig vom jeweiligen Finanzinstrument üblicherweise eingefordert werden.

In seinem Anhang enthält der Rechtsratgeber eine Checkliste für eine Legal Due Diligence sowie nützliche Übersichten zur Organisationsstruktur einer AG, GmbH und GmbH & Co. KG.

1.4 Legal Due Diligence

1.4.1 Allgemeines

Die meisten Corporate Finance-Transaktionen haben zur Voraussetzung, dass der Finanzgeber, aber auch der potentielle Erwerber von Gesellschaftsanteilen oder Vermögensbestandteilen sich einen tiefgehenden Einblick in die Verhältnisse des zu finanzierenden oder zu erwerbenden Unternehmens verschaffen möchte. Die damit verbundene Prüfung des Unternehmens wird üblicherweise mit dem Begriff Due Diligence umschrieben. Gegenstand der Due Diligence können insbesondere finanzielle, steuerliche, marktbezogene, umweltbezogene oder rechtliche Aspekte des Unternehmens sein (Financial, Tax, Commercial, Environmental, Legal Due Diligence).

1.4.2 Durchführung

Die Due Diligence zielt im Kern auf die Durchsicht aller das Unternehmen betreffenden wesentlichen Dokumente und Unterlagen ab. Ihr geht zumeist ein ausführlicher Fragenkatalog (Due Diligence-Checkliste) voraus, der unter Zuhilfenahme von externen Beratern, wie etwa Wirtschaftsprüfern, Steuerberatern und Rechtsanwälten, in regelmäßig dafür vorgesehenen Datenräumen (Data Rooms) unter Einhaltung bestimmter Regeln (Data Room Rules) abgearbeitet wird. Die aus der Datenaufnahme gewonnenen Erkenntnisse münden sodann häufig in einen schriftlichen Bericht über die wesentlichen Merkmale des Unternehmens einschließlich seiner Risiken und deren Bewertung (Due Diligence Report). Dieser Bericht bietet einen ausführlichen Überblick über die Stärken und Schwächen des Unternehmens. Ergänzend zur Durchsicht der Unternehmensunterlagen kann die Due Diligence auch auf Gespräche mit dem Management und Werksbesichtigungen zurückgreifen.

1.4.3 Rechtliche Beschränkungen der Due Diligence

Ist der Träger des Unternehmens eine Aktiengesellschaft und möchte ein Aktionär seine Aktien verkaufen, kann die Offenlegung von Dokumenten im Rahmen der Due Diligence durch den Vorstand rechtliche Probleme aufwerfen. Um sich nicht dem Verdacht einer strafbaren Weitergabe von Geschäftsgeheimnissen auszusetzen, muss der Vorstand zunächst in eigener Verantwortung sorgfältig abwägen, inwieweit der Wechsel des Aktionärs für die AG Vorteile mit sich bringt, welche die mit der Weitergabe von Unternehmensinformationen verbundenen Risiken überwiegen. Liegt der Aktionärswechsel (zumindest auch) im Interesse der AG, hat der Vorstand zu entscheiden, welche Informationen die AG gegenüber dem potentiellen Erwerber offenlegt und welche Anforderungen an die Geheimhaltung hierbei konkret zu stellen sind.

Regelmäßig wird der Vorstand einer AG eine Due Diligence nur zulassen können, wenn folgende Voraussetzungen erfüllt sind:

- Letter of Intent (Absichtserklärung) des potentiellen Erwerbers, der das ernsthafte und nachhaltige Interesse am Erwerb der Aktien dokumentiert;

- Abschluss einer Vertraulichkeitssvereinbarung zwischen AG und potentiellem Erwerber des Aktienpakets;

- Zustimmungsbeschluss des Gesamtvorstands und des Aufsichtsrats zur Due Diligence;

- Festlegung eines eng begrenzten Personenkreises im Unternehmen, der Informationen weitergibt.

Darüber hinaus ist die Einrichtung eines Datenraums im Unternehmen oder eines elektronischen Datenraums empfehlenswert, damit die zu prüfenden Dokumente im Unternehmen verbleiben können.

Vorstände einer börsennotierten AG haben des Weiteren das insiderrechtliche Geheimhaltungsverbot (Verbot der Weitergabe von Insiderinformationen) zu beachten. Danach ist die unbefugte Weitergabe von nicht öffentlich bekannten Umständen, die sich auf die börsennotierte AG beziehen und die geeignet sind, im Falle ihres Bekanntwerdens den Aktienkurs erheblich zu beeinflussen, unter Androhung von z. T. drastischen Strafen verboten. Als Faustregel ist allerdings festzuhalten, dass Vorstände einer börsennotierten AG auch unter insiderrechtlichen Gesichtspunkten eine Legal Due Diligence zulassen können, wenn die o.g. Voraussetzungen erfüllt sind und der Erwerber ein erhebliches Aktienpaket erwerben möchte. Im Falle einer öffentlichen Übernahme (vgl. hierzu unter 3.) kann die Zielgesellschaft im Prinzip alle Informationen im Rahmen einer Due Diligence Prüfung an den Erwerbsinteressenten weitergeben. Grundsätzlich ist es dem Erwerbsinteressenten dann auch gestattet, diese Informationen zur Vorbereitung seines öffentlichen Übernahmeangebots zu nutzen, ohne dass er gegen das Insiderrecht verstößt.

1.4.4 Zielsetzung der Legal Due Diligence

Die Legal Due Diligence beschäftigt sich mit den rechtlichen Strukturen des Unternehmens bzw. der Unternehmenstätigkeit und ist darauf angelegt, detaillierte Informationen über offene oder latente Bestands- bzw. Haftungsrisiken, welche die Corporate Finance-Transaktion gefährden könnten (Deal Breaker), aufzudecken. Weiteres Ziel der Legal Due Diligence ist es, die Grundlagen für die spätere Durchführung der Corporate Finance-Transaktion zu ermitteln. So stellen etwa bei einem Unternehmenskaufvertrag die Ergebnisse der Legal Due Diligence die Basis für die Ausgestaltung der Gewährleistungsregelungen dar. Natürlich können sich die Resultate der Legal Due Diligence auch auf die Bestimmung des Kaufpreises auswirken. Ebenso können die Bedingungen und die Besicherung von Fremdkapitaltransaktionen durch die Ergebnisse der Legal Due Diligence nachhaltig beeinflusst werden.

1.4.5 Aufbewahrung und Aufbereitung wichtiger Unterlagen

Eine Legal Due Diligence lässt sich umso reibungsloser durchführen, je transparenter die Dokumente im Unternehmen aufbereitet worden sind. Die Praxis zeigt allerdings, dass Corporate Finance-Transaktionen nicht selten in die Länge gezogen werden oder gar scheitern, weil das zu finanzierende oder zu erwerbende Unternehmen die erforderlichen Unterlagen nicht, nur unvollständig oder jedenfalls nur ungeordnet vorlegen kann. Eine effiziente und zeitnahe Risikoeinschätzung ist unter solchen Bedingungen oftmals nicht möglich. Da jedes Unternehmen potentiell Gegenstand oder Beteiligter einer Corporate Finance-Transaktionen sein kann, sollte in bestimmten Zeitabständen eine interne Kontrolle dahin erfolgen, ob der rechtliche Bestand des Unternehmens und seine Unternehmenstätigkeit zutreffend dokumentiert sind. Dadurch wird der Unternehmensleitung bzw. dem Unternehmensinhaber die Möglichkeit eröffnet, die betreffende Finanzierung oder Transaktion effizient und im Bedarfsfall auch zügig durchführen zu können. Die im Anhang dargelegte Checkliste für eine Legal Due Diligence kann dabei als Richtschnur einer internen Unternehmenskontrolle dienen.

Kapitel 2

Unternehmenskauf

2.1 Definition & Grundstruktur

2.1.1 Asset Deal und Share Deal

Jeder Kauf eines Unternehmens lässt sich trotz unterschiedlicher Gestaltungsvarianten stets auf *zwei Grundformen* zurückführen:

- Zum einen kann der Träger des Unternehmens (z. B. eine AG, GmbH oder GmbH & Co. KG) diejenigen Vermögenswerte (Assets) veräußern, die das Unternehmen in seiner Gesamtheit ausmachen (z. B. Sach- und Finanzanlagen, immaterielle Vermögensgegenstände, gewerbliche Schutzrechte, Know-how, Bestandteile des Umlaufvermögens). Der Unternehmenskaufvertrag kommt zwischen dem veräußernden Unternehmensträger als Inhaber der Vermögenswerte und dem Erwerber zustande. Bei dieser Alternative handelt es sich um den *Asset Deal.*
- Andererseits ist es möglich, dass die einzelnen Vermögenswerte dem Unternehmensträger zugeordnet bleiben und lediglich die Beteiligungsrechte (Anteilsrechte, z. B. Aktien, Geschäftsanteile oder Kommanditanteile) am Unternehmensträger den Inhaber wechseln. Der Unternehmenskaufvertrag wird in dieser Alternative zwischen dem Anteilsinhaber und dem Erwerber geschlossen. Diese Variante wird als *Share Deal* bezeichnet.

***Abb. 2** Asset Deal und Share Deal*

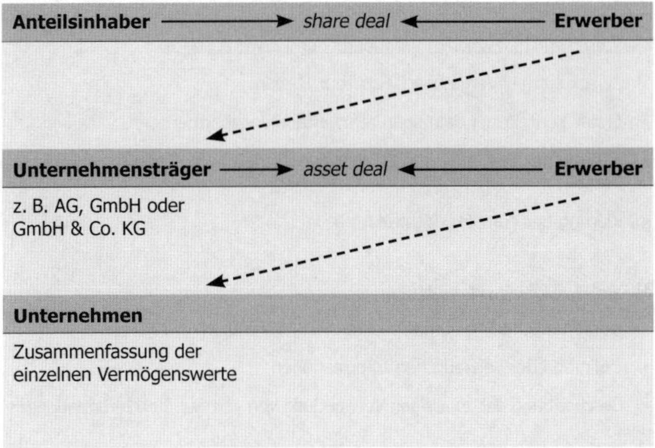

2.1.2 Unternehmenskauf als mehrstufiger Prozess

Unabhängig von seiner Ausprägung als Asset oder Share Deal lässt sich jeder Unternehmenskauf als mehrstufiger Prozess charakterisieren, im Rahmen dessen üblicherweise folgende Stufen zu durchlaufen sind:

1) Interne Organisation auf Verkäufer- bzw. Käuferseite

   Relevante Maßnahmen können hier sein:

- Einschaltung externer Berater;
- Abstimmung des Aktions- und Dokumentationsplans;
- Erarbeitung der Transaktionsstruktur;
- Bezeichnung der Projektverantwortlichen;
- Klärung von Finanzierungsfragen;
- Festlegung der Verhandlungsstrategie;
- Vorbereitung der Due Diligence, Einrichtung eines Datenraums.

2) Vorgespräche zwischen Veräußerer- und Erwerberseite

   Zweck solcher Vorgespräche sollte z. B. sein:

- Erster Kontakt mit dem späteren Verhandlungspartner;
- Klärung der Verkaufs- und Erwerbsbereitschaft unter Beteiligung externer Berater;
- Klärung der Transaktionsstruktur.

3) Vertraulichkeitsvereinbarung

   Herkömmliche Regelungsaspekte dieser Vereinbarung sind etwa:

- Definition der vertraulichen Informationen;
- Beschreibung der zulässigen Verwendung von vertraulichen Informationen;

- Umgang mit den Informationen für den Fall der Beendigung der Vertragsverhandlungen;
- Unterbinden von Abwerbungsversuchen;
- Erstreckung der Vertraulichkeitspflichten auf Mitarbeiter und externe Berater;
- Vertragsstrafenvereinbarung für den Fall der Zuwiderhandlung.

4) Letter of Intent (LoI)

Typische Merkmale eines LoI sind namentlich:

- Zusammenfassung der bisher erreichten Verhandlungsergebnisse und der wirtschaftlichen Eckdaten;
- Fixierung der Verhandlungsposition;
- Indikatives Preisangebot;
- Festlegung der Rahmenbedingungen für die Due Diligence;
- Klärung des weiteren Zeitplans;
- Gültigkeitsdauer des LoI;
- Abschluss einer Vertraulichkeitsvereinbarung, soweit noch nicht geschehen;
- u. U. Vereinbarung eines Exklusivitätsverhältnisses;
- u. U. Kostenregelung.

5) Due Diligence (siehe Punkt 1.4)

Zulassungsvoraussetzungen einer Due Diligence:

- Letter of Intent des potentiellen Erwerbers, der das ernsthafte und nachhaltige Interesse am Erwerb der Aktien dokumentiert;
- Abschluss einer Geheimhaltungsvereinbarung;

- Zustimmungsbeschluss des Gesamtvorstands und des Aufsichtsrats zur Due Diligence;
- Festlegung eines eng begrenzten Personenkreises im Unternehmen, der Informationen weitergibt.

6) Vertragsentwurf und Vertragsverhandlungen

Der Vertragsentwurf sollte bereits sämtliche Bestandteile des später abzuschließenden Vertrags enthalten. Für die Verhandlungen empfiehlt es sich, folgende Gesichtspunkte zu beachten:

- Keine unrealistischen Extrempositionen einnehmen;
- Kein längeres Festhalten an Detailfragen;
- Schaffung einer angenehmen Verhandlungsatmosphäre;
- Protokollierung der jeweiligen Verhandlungsergebnisse.

7) Signing

Bezeichnung für den Abschluss des Unternehmenskaufvertrags.

8) Closing

Nach dem Signing liegender Abwicklungszeitpunkt, in dem die aus dem Kaufvertrag resultierenden Verpflichtungen, namentlich Kaufpreiszahlung und Übertragung der Assets oder Shares erfüllt werden.

2.1.3 Bieter- / Auktionsverfahren

Ein Bieter- / Auktionsverfahren wird regelmäßig durch Investmentbanken oder M&A-Berater strukturiert, die auf Corporate Finance-Transaktionen spezialisiert sind. Das Ziel eines Bieter- / Auktionsverfahrens besteht darin, durch einen immer intensiver werdenden Wettbewerb den geeignetsten Erwerber unter verschiedenen Kaufinteressenten zu ermitteln und den höchsten Kaufpreis zu erzielen. Folgender (verkürzt dargestellter) Ablaufplan ist hierbei regelmäßig zu durchlaufen:

1) Vorbereitung und Planung der Transaktion durch den Verkäufer

- Entscheidung zugunsten von Asset oder Share Deal;
- Strukturierung und Bewertung des Kaufobjekts;
- Vorläufige Festlegung der Verkaufskonditionen;
- Vorbereitung der Due Diligence;
- Erstellung eines Informationsmemorandums über das Kaufobjekt.

2) Kontaktaufnahme mit Interessenten

- Ggf. Bonitätsprüfung der potentiellen Erwerber;
- Unterzeichnung Vertraulichkeitsvereinbarung.

3) Erste Runde des Bieterverfahrens

- Übergabe des Informationsmemorandums sowie der Verfahrensregeln für die erste Runde des Bieterwettbewerbs an die (verbliebenen) Interessenten;
- Abgabe eines unverbindlichen Angebots durch die Interessenten (First Unbinding Bid / Indicative Offer);
- Vorbereitung des Datenraums, des LoI sowie des Unternehmenskaufvertrags durch die Verkäuferseite;

4) Weitere und abschließende Runde des Bieterverfahrens

- Entscheidung des Verkäufers, welche Interessenten in die weitere und abschließende Bieterrunde einbezogen werden sollen;
- Management-Präsentation durch Verkäufer, Werksbesichtigungen;
- Durchführung der Due Diligence;
- Abgabe eines präzisierten Angebots durch Interessenten auf Basis der aus der Due Diligence gewonnenen Ergebnisse;
- Entscheidung des Verkäufers, mit welchen Interessenten in das Stadium der Vertragsverhandlungen eingetreten werden soll.

5) Vertragsverhandlungen und -abschluss/Vollzug

- Nach Abschluss der ersten Verhandlungsrunde Bekräftigung der Absicht zum Vertragsabschluss z. B. durch LoI;
- Verhandlung des Unternehmenskaufvertrags;
- Signing;
- Closing.

2.2 Rechtlicher Rahmen

Für den Kauf eines Unternehmens stellt die Rechtsordnung nur rudimentäre gesetzliche Regelungen zur Verfügung. Dies gilt für Asset wie Share Deal gleichermaßen. Veräußerer wie Erwerber können diesen gesetzgeberischen Freiraum nutzen, um ein Vertragswerk zu schaffen, das auf ihre Bedürfnisse zugeschnitten ist. Die Berater der Vertragsparteien werden dabei auf bestimmte Regelungsmuster zurückgreifen, die sich im Laufe der Zeit als typische Gestaltungsvarianten eines Unternehmenskaufvertrags etabliert haben.

2.2.1 Kaufgegenstand

Asset Deal

Das Unternehmen als Zusammenfassung von Sachen, Rechten und sonstigen Vermögenswerten kann »als solches« nicht übertragen werden. Mit Blick auf den Asset Deal hat dies zur Konsequenz, dass sämtliche für die Identität des Unternehmens wesentlichen Vermögensbestandteile veräußert werden müssen. Innerhalb des Vertragswerks müssen die einzelnen Bestandteile hinreichend bestimmt und individualisierbar bezeichnet werden. Hierbei sind folgende Aspekte zu beachten:

a) Übertragung von Vermögenswerten

- Zur Individualisierung bietet sich insbesondere der Rückgriff auf die Bilanz einschließlich der Inventurlisten an. Sollen nicht bilanzierungspflichtige oder -fähige Vermögenswerte übertragen werden (z. B. geringwertige oder vollständig abgeschriebene Wirtschaftsgüter sowie nicht entgeltlich erworbene immaterielle Vermögenswerte), sind diese zusätzlich in einer gesonderten Anlage zum Vertrag aufzuführen.
- Soweit in der Steuerbilanz aufgeführte Wirtschaftsgüter mitveräußert werden sollen, die zugleich Sonderbetriebsvermögen des Gesellschafters einer Personengesellschaft darstellen (z. B. Betriebsgrundstück, gewerbliche Schutzrechte), muss der betreffende Gesellschafter als Vertragspartei in den Unternehmenskaufvertrag aufgenommen werden.
- Zur Individualisierung von Vorräten und Forderungen genügt die Bezugnahme auf räumliche (z. B. »alle in dem Lager, X-Straße, in Y enthaltenen Vorräte«) oder zeitliche Verhältnisse oder die Beschreibung nach Eigenschaften, nicht jedoch die Bezugnahme auf bestimmte Wertgrößen (z. B. 75 % der Vorräte oder Forderungen).

2.2 Rechtlicher Rahmen

- Urheberrechte können nicht übertragen werden. Stattdessen kann sich der Käufer weit reichende Nutzungsrechte am Urheberrecht einräumen lassen.
- Im Hinblick auf die Übertragung immaterieller Werte (Know-how, Kunden- oder Lieferantenbeziehungen, organisatorische Gestaltung etc.) müssen unbedingt vertraglich eindeutige Regelungen getroffen werden, etwa über die Aushändigung von Unterlagen.

b) Überleitung von Verpflichtungen

- Der Verkäufer scheidet im Rahmen eines Asset Deals grundsätzlich nur dann aus der Verpflichtung gegenüber seinem Gläubiger aus, wenn dieser mit der Überleitung der Verpflichtung auf den Erwerber einverstanden ist.
- Freistellungsvereinbarungen zwischen Verkäufer und Erwerber wirken hingegen nur in diesem Verhältnis und führen keine Entlastung des Verkäufers gegenüber seinem Gläubiger herbei.

c) Überleitung von Vertragsverhältnissen

- Vertragsübernahmen sind im Gesetz insbesondere für Arbeitsverhältnisse bei Betriebsübergang, Sach- und Betriebshaftpflichtversicherungen und Mietverträgen (jedoch nur bei Austausch des Vermieters, nicht des Mieters) vorgesehen.
- Außerhalb der gesetzlich angeordneten Vertragsübernahmen ist die Zustimmung aller Beteiligten (d. h. Verkäufer, Erwerber und Vertragspartner des Verkäufers) erforderlich.

2.2 Rechtlicher Rahmen

Share Deal

Durch den Share Deal wird die Stellung als Gesellschafter des Unternehmensträgers vom bisherigen auf den neuen Anteilsinhaber übergeleitet. Anders als beim Asset Deal bleiben die Vermögenswerte, Verbindlichkeiten und vertraglichen Beziehungen dem Unternehmensträger zugeordnet. Trotz dieser einfacheren Transaktionsstruktur gibt es auch beim Share Deal Besonderheiten, auf die mit einer ausdrücklichen vertraglichen Regelung eingegangen werden sollte:

a) Gewinnbeteiligung

- Stichtagsgenaue Abgrenzung und Verteilung des bis zum Stichtag erwirtschafteten Gewinns zwischen Käufer und Verkäufer am Maßstab einer Zwischenbilanz auf den Stichtag.

- Möglich (und durchaus üblich) ist es selbstverständlich auch, die Gewinnberechtigung für das laufende Geschäftsjahr dem Erwerber in vollem Umfang zuzugestehen und eine entsprechende Anpassung des Kaufpreises vorzunehmen.

b) Erwerb von Anteilen an einer Personengesellschaft

- Bei einer Personengesellschaft werden für die Gesellschafter neben dem festen Kapital- bzw. Einlagekonto oftmals auch variable Gesellschafterkonten (z. B. Gewinn-, Verlust-, Rücklage-, Darlehens-, Verrechnungs- oder sonstige Privatkonten) geführt. Treffen die Vertragsparteien keine ausdrückliche Regelung, gehen im Zweifel mit der Übertragung des Anteils neben dem festen Kapital- bzw. Einlagenkonto auch die mit den variablen Gesellschafterkonten des Verkäufers verbundenen Rechte und Pflichten auf den Käufer in dem Umfang über, den sie bei der Abtretung haben und soweit sie in der dem Share Deal zugrunde liegenden Buchführung des Unternehmens berücksichtigt wurden. Anders gesagt: Sollen die Ansprüche aus den Gesellschafterkonten beim Verkäufer verbleiben, muss eine entsprechende Regelung im Unternehmenskaufvertrag vorgesehen werden.

- Trotz abweichender bilanzieller Zuordnung bleiben Bestandteile des Sonderbetriebsvermögens dem Gesellschafter persönlich zugewiesen. Soweit der Käufer auch diese Wirtschaftsgüter erwerben will, muss er hierfür mit dem betreffenden Gesellschafter eine gesonderte Regelung treffen.

2.2.2 Kaufpreis

Vor allem beim Share Deal haben sich für die Bestimmung des Kaufpreises verschiedene Vertragsklauseln eingebürgert, die von den Vertragsparteien bei Bedarf eingesetzt werden können:

a) Debt / Cash free

Eine solche Klausel bedeutet, dass vom Unternehmenswert (Enterprise Value) die Nettofinanzverbindlichkeiten abzuziehen sind (Equity Value). Zur Vermeidung von Missverständnissen ist es erforderlich, die Nettofinanzverbindlichkeiten im Vertrag eindeutig zu definieren. Regelmäßig ist unter diesem Begriff die Summe aus allen zinstragenden Verbindlichkeiten, also z. B.

- langfristige Bankverbindlichkeiten (> 1 Jahr),
- Leasingverbindlichkeiten,
- Gesellschafterdarlehen sowie
- (typischen) stillen Beteiligungen

zu verstehen. Ggf. sind auch kurzfristige Pensions- und Steuerrückstellungen einzubeziehen. Gegen die Nettoverbindlichkeiten gerechnet werden hier die Cash Positionen der Gesellschaft (z. B. Bankguthaben, Kassenbestände und Wertpapiere des Umlaufvermögens).

Berücksichtigt man bei der Kaufpreisbemessung Finanzverbindlichkeiten und Cash, müssen aus Sicht des Käufers Veränderungen im Netto-Umlaufvermögen als notwendiges Korrektiv berücksichtigt werden. Vor allem bei einem zukünftigen Stichtag bestünde andernfalls das Risiko, dass der Verkäufer das Netto-Umlaufvermögen absenkt, indem er Forderungen beschleunigt eintreibt, Rechnungen nicht rechtzeitig bezahlt oder Vorratsbestellungen unterlässt. Durch diese Maßnahmen würden gleichzeitig der Cash und damit der Kaufpreis ansteigen. Um derartigen Manipulationen entgegenzuwirken, sollte in den Vertrag eine Regelung aufgenommen werden, nach der der Kaufpreis um denjenigen Betrag zu reduzieren ist, um den das Netto-Umlaufvermögen zum Stichtag einen bestimmten, von den Parteien übereinstimmend festgelegten Betrag nicht unterschreiten darf.

b) Kaufpreisanpassung

Werden die Anteile an einem Unternehmen unterjährig erworben, so bietet sich häufig an, auf den Zeitpunkt des Closings eine Zwischenbilanz aufzustellen. Neben der stichtagsgenauen Abgrenzung des Gewinns kann eine Zwischenbilanz auch dazu dienen, den Kaufpreis anzupassen, insbesondere dann, wenn der Verkäufer zum Stichtag eine Eigenkapitalgarantie abgegeben hat (z. B. garantiert hat, dass das Eigenkapital noch in der Höhe wie im letzten Jahresabschluss vorhanden ist). Wird das insofern garantierte Eigenkapital zum Übergangsstichtag unterschritten, wird der Kaufpreis entsprechend reduziert. Im Interesse beider Parteien sollten verbindliche Regelungen für die Aufstellung des Zwischenabschlusses vereinbart werden, z. B.:

- welche Bilanzierungsgrundsätze für den Jahresabschluss anzuwenden sind (HGB, IFRS, US GAAP),
- wie Bilanzierungswahlrechte auszuüben sind,
- dass die Bilanzkontinuität zu wahren ist,
- inwieweit die Berater des Verkäufers die Ordnungsmäßigkeit des Jahresabschlusses begleitend oder nachträglich überprüfen dürfen und
- dass im Streitfall das Ergebnis eines von beiden Parteien gemeinsam bestimmten Wirtschaftsprüfers maßgebend sein soll.

c) Earn out (variabler Kaufpreis)

Der Earn out zeichnet sich dadurch aus, dass ein Teil des Kaufpreises als potentielle Zusatzvergütung ausgestaltet wird, die nur dann zu bezahlen ist, wenn das Unternehmen bestimmte, zuvor festgelegte Ergebnisse erreicht. Die Vereinbarung eines Earn out kommt insbesondere dann in Betracht, wenn die Preisvorstellungen zwischen den Vertragsparteien weit auseinander liegen oder bei Vertragsabschluss noch nicht absehbar ist, ob eingeleitete Sanierungsmaßnahmen oder Produktneuerungen in Zukunft Erfolg haben werden.

2.2.3. Garantien / Gewährleistungen / Freistellungen

Die gesetzlichen Bestimmungen über die Gewährleistung beim Kauf sind für Käufer und Verkäufer im Rahmen eines Asset oder Share Deals nicht interessengerecht. Der Kauf eines Unternehmens im Wege eines Asset oder Share Deals ist nicht mit Geschäften des täglichen Lebens vergleichbar, auf die das gesetzliche Kaufrecht zugeschnitten ist. Die Vertragsfreiheit erlaubt es den Parteien, die gesetzlichen Vorschriften in weitem Umfang auszuschließen und stattdessen eigenständige vertragliche Regelungen aufzustellen, um den Gegebenheiten der jeweiligen Transaktion gerecht zu werden. Die Beratungspraxis bedient sich hierbei zunehmend der Vereinbarung verschuldensunabhängiger Garantien, die im Falle ihres Nichtvorliegens bestimmte Rechte des Käufers für den vereinbarten Garantiezeitraum auslösen. Einleitend empfehlen sich zunächst Regelungen, mit denen

- klargestellt wird, dass der Verkäufer selbständige Garantieversprechen über bestimmte Merkmale des Unternehmens abgibt, die im Zeitpunkt des Signings und/oder Closings richtig und vollständig sind;

- zum Ausdruck gebracht wird, dass die Regelungen des Vertrags über die Garantien in abschließender Weise die Absprachen der Parteien im Hinblick auf die Folgen der Unrichtigkeit von Garantieversprechen darstellen;

- gesetzliche Ansprüche und Gestaltungsrechte soweit gesetzlich möglich – also nicht bei Vorsatz oder Arglist des Verkäufers – ausgeschlossen werden.

Ferner enthält jeder Unternehmenskaufvertrag als eines seiner Kernelemente einen Garantiekatalog. Bei einem Share Deal bezieht sich der Garantiekatalog regelmäßig auf das ganze Unternehmen und fällt dementsprechend umfangreich aus. Ohne ausreichende Garantieversprechen des Verkäufers würde der Käufer Gefahr laufen, mit unerkannten, im Vermögen des Unternehmensträgers angelegten Problemen konfrontiert zu werden, die in den erworbenen Anteilen naturgemäß nicht abgebildet sind. Bei einem Asset Deal beziehen sich die Garantien dagegen dem Grundsatz nach ausschließlich auf die überzuleitenden Vermögensgegenstände sowie Rechts- und Vertragspositionen.
Des Weiteren hängen Umfang und Inhalt des Garantiekatalogs von den Ergebnissen der vom Käufer durchgeführten Due Diligence ab. Je unvollständiger oder gehaltloser die vorgelegten Dokumente waren, desto eher wird der Käufer auf die umfassende Einräumung von Garantieversprechen durch den Verkäufer bestehen. Die Kernpunkte eines Garantiekatalogs lassen sich für einen Share Deal exemplarisch wie folgt zusammenfassen:

2.2 Rechtlicher Rahmen

a) <u>Rechts- und Kapitalverhältnisse der Gesellschaft</u>

- Wirksame Errichtung und rechtswirksamer Bestand der Gesellschaft;
- Unbelastetes Eigentum an den zu übertragenden Anteilen;
- Angaben zum Kapital der Gesellschaft;
- Keine (drohende) Insolvenz der Gesellschaft.

b) <u>Jahresabschlüsse</u>

- Übereinstimmung der letzten Jahresabschlüsse mit den Grundsätzen der einschlägigen Rechnungslegungsvorschriften;
- Richtige und vollständige Abbildung der Vermögens-, Finanz- und Ertragslage der Gesellschaft;
- Vorhandensein und Werthaltigkeit der ausgewiesenen Vermögensgegenstände zum jeweiligen Bilanzstichtag;
- Eigentümerstellung der Gesellschaft hinsichtlich der für betriebliche Zwecke genutzten Wirtschaftsgüter;
- Vorhandensein des ausgewiesenen Eigenkapitals;
- Ausreichende Bildung von Rückstellungen.

c) <u>Laufender Geschäftsbetrieb</u>

- Ordnungsgemäße Führung des Geschäftsbetriebs unter Beachtung gesetzlicher Vorschriften und kaufmännischer Grundsätze;
- *Personal:* Vollständigkeit und Richtigkeit der in der Personalliste aufgeführten Daten (z. B. Gehalts- und Lohnstruktur); keine Kündigungen von Arbeitnehmern in Schlüsselpositionen; zutreffende Angaben zu Betriebsvereinbarungen, Regelungsabreden oder betrieblichen Übungen etc.

2.2 Rechtlicher Rahmen

- *Vertrags- und Haftungsverhältnisse:* Aufstellung aller wesentlichen Verträge und Vertragsbeziehungen der Gesellschaft mit Dritten (einschließlich Vertriebspersonen); ordnungsgemäße Erfüllung der aus diesen Verträgen resultierenden Verpflichtungen durch die Gesellschaft; Wirksamkeit der Vertragsbeziehungen und keine Anzeichen für Kündigung; Hervorhebung aller Verträge der Gesellschaft, die aufgrund des Unternehmenskaufs vom Vertragspartner gekündigt oder nicht verlängert werden können (Change of Control); Angaben zu wesentlichen Verpflichtungen der Gesellschaft (etwa aus Garantien, Produkthaftung) etc.

- *Subventionen:* Kein Auslösen einer Rückzahlungsverpflichtung wegen Abschluss des Unternehmenskaufvertrags etc.

- *Genehmigungen:* Vorliegen sämtlicher öffentlich-rechtlicher oder privatrechtlicher Genehmigungen, Gestattungen und Lizenzen, die für die uneingeschränkte Fortführung des bisherigen Geschäftsbetriebs erforderlich sind; keine Anzeichen für (teilweise) Aufhebung der gewährten Genehmigungen etc.

- *Versicherungen:* Deckungssumme und Vertragsbedingungen sind im Hinblick auf den Geschäftsbetrieb und Vermögen der Gesellschaft ausreichend; keine Prämienrückstände etc.

- *Grundstücke:* Eigentum und Rechte Dritter am Grundbesitz werden im Grundbuch zutreffend abgebildet; zutreffende Angaben vor allem zum Zustand der Baulichkeit; keine umweltrechtlich relevanten Altlasten etc.

- *Geistiges Eigentum/IT:* Aufstellung sämtlicher Patente, Patentanmeldungen, Gebrauchsmuster, Know-how, Marken, Geschmacksmuster, geschäftliche Bezeichnungen, Internetdomains, Software, Urheberrechte, die der Gesellschaft gehören oder an denen Nutzungsrechte der Gesellschaft bestehen; keine Verletzung von geistigem Eigentum Dritter durch die Gesellschaft oder von geistigem Eigentum der Gesellschaft durch Dritte; keine anhängigen oder drohenden Verfahren gegen die gewerblichen Schutzrechte der Gesellschaft etc.

- *Rechtsstreitigkeiten:* Angaben zu etwaigen rechtshängigen zivil- oder verwaltungsrechtlichen Verfahren, an denen die Gesellschaft aktiv oder passiv beteiligt ist etc.

- *Steuern und Sozialabgaben:* Abführung von Steuern und Sozialabgaben, ordnungsgemäße Vorbereitung und Abgabe der Steuererklärungen etc.

2.2 Rechtlicher Rahmen

Ferner sind in dem Unternehmenskaufvertrag Regelungen für den Fall aufzunehmen, dass ein Garantieversprechen ganz oder teilweise nicht den Tatsachen entspricht (Rechtsfolgen). Im Einzelnen finden sich für gewöhnlich folgende Regelungsaspekte:

- Herstellung des Zustands, der bestehen würde, wenn die in der Garantie enthaltene Aussage korrekt gewesen wäre;
- Falls die Herstellung des ordnungsgemäßen Zustands nicht innerhalb einer bestimmten Frist gelingt oder unmöglich ist, Verpflichtung des Verkäufers zur Zahlung von Schadensersatz;
- Aufnahme von Mindest- und Höchstgrenzen für den Schadenersatzanspruch;
- Präzise Festlegung der Voraussetzungen, unter denen ein Garantiefall nicht vorliegt, etwa wenn
    - der Erwerber bzw. seine Berater bei Vertragsabschluss vom Garantiefall Kenntnis hatten,
    - der Garantiefall aus einer Änderung gesetzlicher oder sonstiger Vorschriften nach dem Signing herrührt oder
    - der aus der Garantieverletzung entstehende Nachteil bereits durch gebildete Rückstellungen kompensiert ist.

Des Weiteren sieht der Unternehmenskaufvertrag in aller Regel Freistellungen des Verkäufers vor. Zum einen betreffen Freistellungen während der Due Diligence aufgedeckte Sachverhalte, deren Risiko der Käufer nicht tragen möchte, die aber wegen seiner Kenntnis von dem zugrunde liegenden Sachverhalt (siehe oben) vernünftigerweise nicht Gegenstand einer Garantie sein können. Beispiel: Ein Rechtsstreit ist gegen die Gesellschaft, deren Anteile verkauft werden, angedroht. Der Verkäufer hält das Risiko einer Niederlage zwar für gering, der Käufer möchte hier jedoch als neuer Eigentümer der Gesellschaft nicht das geringste Risiko tragen und legt Wert auf eine Freistellung des Verkäufers von dem geltend gemachten Anspruch. Zum anderen betreffen Freistellungen bis zum Vollzug des Unternehmenskaufs anfallende Steuern der Gesellschaft, die vom Verkäufer zu tragen sind.

2.2.4 Wettbewerbsverbot

Wenn der Erwerber das Unternehmen fortführen möchte, ist ihm daran gelegen, dass der Verkäufer sich für einen bestimmten Zeitraum jeglicher Konkurrenz enthält. Zur Vermeidung von Streitigkeiten empfiehlt sich in einem solchen Fall die Aufnahme eines ausdrücklichen Wettbewerbsverbots, welches Aussagen zu folgenden Aspekten treffen sollte:

- Dauer des Wettbewerbsverbots (zweijährige Laufzeit rechtlich unbedenklich, dreijährige Laufzeit nur in Ausnahmefällen einsetzen, fünfjährige Laufzeit rechtlich bedenklich);

- Beschreibung des Geschäftsbereichs, in dem die Konkurrenz untersagt sein soll;

- Definition der Konkurrenztätigkeit (Gründung eines konkurrierenden Unternehmens bzw. Erwerb oder Beteiligung an einem konkurrierenden Unternehmen, ausgenommen der Anteil von nicht mehr als zehn Prozent an einem börsennotierten Unternehmen);

- Vertragsstrafe bei Verletzung des Wettbewerbsverbots (vorsichtshalber nur bei schuldhaften Verstößen des Veräußerers);

- Räumlicher Geltungsbereich des Wettbewerbsverbots.

2.2.5 Schiedsklausel

Unternehmenskaufverträge sehen zur Streitbeilegung häufig die Anrufung von Schiedsgerichten vor. Die Organisation des Schiedsgerichts und des Schiedsverfahrens erfolgt dabei regelmäßig durch vertragliche Einbeziehung einer von einer Schiedsinstitution (z. B. International Chamber of Commerce, ICC, oder Deutsche Institution für Schiedsgerichtsbarkeit, DIS) vorgegebenen Schiedsordnung. Gegenüber dem Verfahren vor staatlichen Gerichten bringt die Anrufung eines Schiedsgerichts vielfältige Vorteile mit sich:

- Höhere Flexibilität;

- Gewährleistung von Vertraulichkeit durch nicht öffentliche Verhandlung;

- Hohe Sachkunde der Schiedsrichter;

- Höherer Vergleichsdruck durch einstufiges Verfahren;
- Kostenersparnis bei hohen Streitwerten.

Die Schiedsvereinbarung sollte Eingang in den (schriftlichen) Unternehmenskauf finden und sich an den Standard-Schiedsklauseln der ICC oder DIS orientieren.

2.2.6 Closingbedingungen

Neben der möglicherweise erforderlichen kartellrechtlichen Genehmigung werden zum Teil weitere Vollzugsbedingungen im Unternehmenskaufvertrag vorgesehen. Dazu zählen beispielsweise folgende Dinge:

- Beibringung von Gremienbeschlüssen (z. B. der Gesellschafterversammlung oder des Aufsichtsrats);
- Beim Asset Deal Zustimmung bestimmter Gläubiger zur Übernahme von Verträgen und Verbindlichkeiten oder dass wichtige Arbeitnehmer, die gemäß § 613a BGB übernommen werden sollen, dem Betriebsübergang nicht widersprechen;
- Nichteintritt wesentlicher negativer Veränderungen der Finanz-, Vermögens- und Ertragslage des Unternehmens seit Vertragsunterzeichnung;
- Richtigkeit der Garantien des Verkäufers zum Closing;
- Rücktritt von Organmitgliedern der Zielgesellschaft und ihrer Tochtergesellschaften;
- Verfügbarkeit von Fremdfinanzierungsmitteln bei fremdfinanzierten Transaktionen.

2.3 Stolpersteine

Der Kauf eines Unternehmens weist zahlreiche Berührungspunkte zu verschiedenen Rechtsmaterien auf. Asset wie Share Deal sind aus diesem Grunde besonders fehleranfällig. Im Folgenden werden einzelne – praktisch bedeutsame – Fehlerquellen herausgegriffen und exemplarisch dargestellt.

2.3.1 Hürden im Unternehmenskaufvertrag

Neben den wirtschaftlichen Konditionen (Kaufpreis fest oder variabel, mit oder ohne Earn out) bereitet es besondere Probleme, wenn Signing und Closing nicht auf einen Tag fallen, sondern ein nicht unerheblicher Zeitraum zwischen beiden Terminen liegt. Der Erwerber ist mit Signing noch nicht Eigentümer der Assets oder Inhaber der Shares, möchte aber gleichzeitig verhindern, dass bis zum Closing von Seiten des Verkäufers noch Maßnahmen getroffen werden, die seine Zustimmung nicht finden. In diesen Fällen bietet es sich an, wesentliche Unternehmensentscheidungen zwischen Signing und Closing an die Zustimmung des Erwerbers zu knüpfen, Entscheidungen im Tagesgeschäft aber dem Veräußerer zu belassen.

Wenn der Erwerber den Kaufpreis fremdfinanziert, so haben die Banken in der Regel ein Interesse daran, dass das Closing nicht stattfinden darf, wenn bestimmte negative Ereignisse zwischen Signing und Closing eingetreten sind. Der Verkäufer will hier im Gegenzug Vertragssicherheit haben und nicht von der Finanzierung des Käufers abhängig sein, schon gar nicht davon, ob z. B. wirtschaftliche oder politische Rahmenbedingungen sich verändern. Davon abgesehen möchte der Verkäufer seine Garantien nur zum Signing abgeben und nicht zum Closing. Dies basiert auf der Argumentation, dass der Verkäufer bei Unterzeichnung des Unternehmenskaufvertrages zukunftsgerichtete (zum Closing) Bestätigungen sinnvollerweise nicht abgeben kann. Im Zweifel wird der Verkäufer die Garantien dennoch zum Closing abgeben müssen, denn das ist der Zeitpunkt für den Übergang der mit dem Unternehmen verbundenen Chancen und Risiken auf den Erwerber und zu diesem Zeitpunkt muss die Garantie richtig sein. Allerdings kann im Vertrag vorgesehen werden, dass der Verkäufer einen Garantiefall dadurch abwenden kann, dass er zum Closing die zwischen Signing und Closing neu eingetretenen Ereignisse, die einen Garantiefall auslösen (z. B. einer neuer Rechtsstreit) gegenüber dem Käufer offen legt. Im Falle von echten »Dealbreakern«, die zwischen Signing und Closing eintreten, wird das Closing jedoch aus Sicht des Käufers nicht stattfinden können. Dieses Recht wird er sich vertraglich ausbedingen.

Ein weiterer Diskussionspunkt ist die Frage, in welchem Umfang sich der Verkäufer der Assets oder Shares das Wissen anderer Personen (z. B. Berater oder leitende Angestellte des Unternehmens) zurechnen lassen muss. Zur Vermeidung späterer Auseinandersetzungen bietet es sich an, im Kaufvertrag exakt den Personenkreis zu definieren, dessen Wissen einen Garantiefall auslöst.

Des Weiteren wird bei den Verhandlungen regelmäßig kontrovers darüber diskutiert, inwieweit sich der Käufer seine Erkenntnisse aus der Due Diligence zurechnen lassen muss. Konkret geht es darum, dass der Verkäufer einen Gewährleistungsausschluss für die Fälle anstrebt, in denen der Käufer oder seine Berater von dem garantieanspruchbegründenden Sachverhalt (»Garantiefall«) Kenntnis hatten oder diesen im Rahmen der Due Diligence hätte erkennen können. Beispiel: Der Käufer hätte im Rahmen der Due Diligence erkennen können, dass ein wesentlicher Vertrag rechtlich unwirksam ist. Der Verkäufer hat die Wirksamkeit des Vertrages aber garantiert. Soll der Verkäufer hier trotz des Fehlers des Käufers bei der Due Diligence haften oder schließt dieser Fehler den entsprechenden Gewährleistungsanspruch des Käufers aus? In der Regel wird es zweckmäßig sein, nur bei Kenntnis des Käufers von einem Garantiefall den Garantieanspruch auszuschließen, nicht jedoch im Fall des »Erkennenkönnens«.

2.3.2 Kartellrechtliche Fusionskontrolle

Zusammenschlüsse von Unternehmen können bei Erreichen bestimmter Umsatzschwellen der präventiven Kontrolle der Kartellbehörden unterliegen. Dies gilt für sämtliche Formen des Zusammenschlusses zweier oder mehrerer Unternehmen, gleich ob sie auf Vermögenserwerb (Asset Deal) oder Kapitalanteilserwerb (Share Deal) beruhen. Bei internationalen Zusammenschlüssen sind die Fusionskontrollvorschriften sämtlicher Staaten bzw. supranationaler (z. B. EU) Gemeinschaften anzuwenden, auf deren Wettbewerbsgeschehen der Zusammenschluss Auswirkung haben kann. Grundsätzlich kann ein Zusammenschlussvorhaben nur dann vollzogen werden, wenn es von den Kartellbehörden aller betroffenen Staaten freigegeben worden ist.

Das Bundeskartellamt (BKartA) übt die Fusionskontrolle bei Zusammenschlüssen aus, die sich auf den Wettbewerb im Gebiet der Bundesrepublik Deutschland auswirken. Davon ist immer dann auszugehen, wenn

- der weltweite Gesamtumsatz der beteiligten Unternehmen im letzten Geschäftsjahr vor dem Zusammenschluss mindestens 500 Mio. Euro beträgt,
- der Inlandsumsatz eines beteiligten Unternehmens einen Betrag von 25 Mio. Euro überschreitet und

- nicht der Vorrang der EU-Fusionskontrolle eingreift.

  Die EU-Fusionskontrolle ist einschlägig

  - bei einem weltweiten Gesamtumsatz aller beteiligten Unternehmen von 5 Mrd. Euro und einem gemeinschaftsweiten Gesamtumsatz von mindestens zwei der beteiligten Unternehmen von jeweils mehr als 250 Mio. Euro oder

  - bei einem weltweiten Gesamtumsatz aller beteiligten Unternehmen von 2,5 Mrd. Euro und einem Gesamtumsatz der beteiligten Unternehmen in drei EU-Mitgliedstaaten von mindestens je 100 Mio. Euro sowie einem Gesamtumsatz von jeweils zwei beteiligten Unternehmen von mindestens je 25 Mio. Euro in jedem der vorbenannten drei EU-Mitgliedstaaten und einem gemeinschaftsweiten Umsatz von mindestens zwei beteiligten Unternehmen von mindestens 100 Mio. Euro.

  - Die EU-Fusionskontrolle greift in beiden Alternativen jedoch dann nicht ein, wenn die am Zusammenschluss beteiligten Unternehmen jeweils mehr als zwei Drittel ihres EU-weiten Gesamtumsatzes in ein und demselben Mitgliedstaat erzielen.

Erfüllt ein Zusammenschluss die Eingriffsvoraussetzungen der deutschen Fusionskontrolle, darf er (zunächst) nicht vollzogen werden (Vollzugsverbot, d. h. kein Closing erlaubt). Der Zusammenschluss ist vielmehr beim BKartA anzumelden. Nach Eingang der vollständigen Anmeldeunterlagen tritt das BKartA in das einmonatige Vorprüfverfahren ein, welches auf dreierlei Weise beendet werden kann:

- Ausdrückliche Freigabe des Zusammenschlusses:

  ⇨ danach Vollzug erlaubt;

- Unterlassen jeglicher Mitteilung innerhalb der Monatsfrist:

  ⇨ danach Vollzug erlaubt;

- Mitteilung innerhalb der Monatsfrist, dass das BKartA in das Hauptprüfverfahren eintreten wird:

⇨ Das Vollzugsverbot gilt dann bis zum Abschluss des Hauptprüfverfahrens, das mit der Untersagung oder der Freigabe des Zusammenschlusses endet. Das BKartA untersagt einen Zusammenschluss, wenn von ihm zu erwarten ist, dass eine marktbeherrschende Stellung begründet oder verstärkt wird. Droht eine Untersagungsverfügung, kann diese auf Initiative der beteiligten Unternehmen durch Freigabe mit Bedingungen und Auflagen vermieden werden.

Hinweis: Da sich das Hauptprüfverfahren über einen längeren Zeitraum hinziehen kann, sollten die Parteien des Unternehmenskaufvertrags ein Rücktrittsrecht vereinbaren, wenn eine kartellrechtliche Freigabe nicht bis zu einem bestimmten Zeitpunkt nach dem Signing erfolgt ist.

2.3.3 Betriebsübergang

Aus arbeitsrechtlicher Sicht kann der Asset Deal einen Betriebsübergang auslösen, mit der Folge, dass der Käufer automatisch sämtliche Arbeitsverhältnisse der innerhalb des Betriebs beschäftigten Arbeitnehmer – einschließlich etwaiger Verpflichtungen aus betrieblicher Altersversorgung – übernehmen muss. Ob durch den Asset Deal ein Betriebsübergang hervorgerufen wird, hängt u. a. davon ab, ob folgende Kriterien erfüllt sind:

- Übergang der materiellen Betriebsmittel, z. B. Anlagevermögen, Maschinen, Warenlager;
- Übernahme des Kundenstamms;
- Übertragung von gewerblichen Schutzrechten;
- Eintritt in bestehende Verträge;
- Hoher Grad der Ähnlichkeit zwischen den vor und nach dem Übergang verrichteten Tätigkeiten.

Möchten Arbeitnehmer trotz Vorliegens eines Betriebsübergangs beim Veräußerer verbleiben, so haben sie die Möglichkeit, dem Übergang ihrer Arbeitsverhältnisse auf den Erwerber zu widersprechen. Sofern der Käufer an der Übernahme bestimmter oder aller Arbeitnehmer interessiert ist, sollte er das Closing von der Bedingung abhängig machen, dass die betreffenden Arbeitnehmer von ihrem Widerspruchsrecht keinen Gebrauch machen.

2.3.4 Formerfordernisse

Asset und Share Deal unterliegen zum Teil strengen Formerfordernissen, die bei Nichtbeachtung die Nichtigkeit der gesamten Vereinbarung zur Folge haben können. Aufgrund dieser einschneidenden Rechtsfolge ist stets mit äußerster Sorgfalt zu prüfen, ob der Unternehmenskaufvertrag nicht Berührungspunkte zu gesetzlichen Formgeboten aufweist.

- Share Deal

  Mit Ausnahme von Geschäftsanteilen an einer GmbH, deren Kauf und Übertragung stets der notariellen Beurkundung bedürfen, sind Kauf- und Übertragung von Anteilen aller anderen Gesellschaftsformen (z. B. Aktien, Kommanditanteile außer bei der GmbH & Co. KG im Falle der einheitlichen Übertragung von Kommandit- und GmbH-Anteilen) grundsätzlich formfrei möglich. Folgt das notarielle Beurkundungserfordernis aus dem Verkauf oder der Übertragung von GmbH-Geschäftsanteilen, wird oftmals wegen Kosten- und Zeitersparnis eine Beurkundung in Basel (Schweiz) empfohlen. Dies wird in jüngster Zeit in der Rechtsliteratur wieder vermehrt bestritten und angegriffen. Nach Inkrafttreten des MoMiG müssen sich die Parteien insbesondere darüber im Klaren sein, dass der Notar in der Schweiz anders als sein deutscher Kollege nicht verpflichtet ist, die in ihrer Bedeutung deutlich aufgewertete Gesellschafterliste in aktualisierter Form zum Handelsregister einzureichen. Die Parteien sollten im Rahmen einer Risikoabwägung stets genau überprüfen, welche Kosten- und Zeitvorteile sich bei einer Beurkundung im Ausland tatsächlich ergeben. In diesem Zusammenhang ist auch zu berücksichtigen, dass die Gebühren für deutsche Notare der Höhe nach begrenzt sind.

- Asset Deal

  Grundsätzlich sind beim Asset Deal weder der Kaufvertrag noch das Übertragungsgeschäft einer bestimmten Form zu unterwerfen. Abhängig von der Art der zu veräußernden Gegenstände existieren jedoch bedeutsame Ausnahmen:

  - Der gesamte Unternehmenskaufvertrag bedarf der notariellen Beurkundung, wenn ein Grundstück mitveräußert wird.

  - Eine notarielle Beurkundung hat ebenfalls zu erfolgen, wenn vom Unternehmensträger Geschäftsanteile an einer GmbH übernommen werden sollen.

2.3 Stolpersteine

2.3.5 Zustimmungspflichten

Asset und Share Deal können Zustimmungserklärungen von Behörden, Gerichten, Gesellschaftsorganen oder dritten Privatpersonen auslösen. Die wichtigsten Zustimmungserfordernisse lassen sich wie folgt zusammenfassen:

***Tab. 1** Zustimmungspflichten*

	Zustimmungstatbestand	Share Deal	Asset Deal
Gesellschaftsrechtliche Zustimmungspflicht	1. Wenn AG wesentliche Unternehmensbestandteile von sich oder einer Tochtergesellschaft veräußert. Zustimmung der HV mit ¾-Mehrheit erforderlich	X	X
	2. Übertragung von vinkulierten Namensaktien. Zustimmung der Gesellschaft erforderlich	X	–
Güterrechtliche Zustimmungspflicht	Ehegatte muss zustimmen, wenn Unternehmensbeteiligung nahezu das gesamte Vermögen (mehr als 85 %) ausmacht	X	X
Behördliche Zustimmungspflicht	Personenbezogene Genehmigungen (Gaststättenerlaubnis) müssen neu erteilt werden, während anlagebezogene Genehmigungen (z. B. immissionsschutzrechtliche oder baurechtliche Genehmigung) auf den neuen Erwerber übergehen.	X	X
Vormundschaftsgerichtliche Zustimmungspflicht	Erwerb vom minderjährigen Veräußerer	X	X
Zustimmung von Gläubigern und Vertragspartner	Wenn die Übertragung von Verträgen an die Zustimmung des Vertragspartners gebunden ist	–	X

2.3.6 Wichtige Anmeldungs-, Mitteilungs- und Veröffentlichungspflichten beim Share Deal

- Personengesellschaft, insbesondere GmbH & Co. KG:

  Der Gesellschafterwechsel ist von sämtlichen Gesellschaftern zur Eintragung in das Handelsregister anzumelden.

- GmbH:

  Der Käufer eines GmbH-Geschäftsanteils muss den Erwerb dem GmbH-Geschäftsführer gegenüber (schriftlich) mitteilen, da er andernfalls Gefahr läuft, im Verhältnis zur GmbH nicht als Gesellschafter anerkannt zu sein. Anschließend hat der Geschäftsführer eine von ihm unterschriebene Liste, aus der sich neben der Person der Gesellschafter (Name, Vorname, Geburtsdatum und Wohnort) auch die Nennbeträge und die laufenden Nummern der von jeweils übernommenen Geschäftsanteile entnehmen lassen, zum Handelsregister einzureichen. Ist an der Anteilsübertragung ein (deutscher) Notar beteiligt, trifft ihn an Stelle des Geschäftsführers diese Verpflichtung.

Hinweis: Alle Handelsregisteranmeldungen bedürfen der notariell beglaubigten Form. Erfolgt die Anmeldung durch Bevollmächtigte, muss auch die Vollmacht notariell beglaubigt sein.

- Nicht börsennotierte AG bzw. KGaA:

  Gehören einem Aktionär mehr als 25 % der Aktien oder steht ihm eine Mehrheitsbeteiligung an der AG bzw. KGaA zu, so hat er dies gegenüber der Gesellschaft unverzüglich schriftlich mitzuteilen. Entsprechendes gilt, wenn die genannten Schwellen unterschritten werden sollten. Die Mitteilungen sind von der Gesellschaft in den Gesellschaftsblättern bekannt zu machen.

  Ist eine AG bzw. KGaA umgekehrt mit mehr als 25 % an einer anderen inländischen Kapitalgesellschaft beteiligt oder steht ihr eine Mehrheitsbeteiligung an einem anderen Unternehmen zu, so hat sie dies dem Unternehmen ebenfalls unverzüglich mitzuteilen. Ebenso trifft sie eine Mitteilungspflicht, wenn sie die vorbezeichneten Schwellen unterschreitet.

2.3 Stolpersteine

- Börsennotierte AG bzw. KGaA:

  Hier sind vielfältige kapitalmarktrechtliche Mitteilungs- und Veröffentlichungspflichten einzuhalten. Beim Kauf oder Verkauf von Aktienpaketen sind neben der stets zu beachtenden Ad-hoc-Publizität der Gesellschaft insbesondere folgende Tatbestände von Interesse:

  - Director's Dealings:

    Innerhalb von fünf Werktagen nach Geschäftsabschluss müssen Geschäfte in Aktien der Gesellschaft durch Personen, die in der Gesellschaft Führungsaufgaben wahrnehmen bzw. durch Personen, die in einer engen Beziehung zu solchen Führungspersonen stehen, gegenüber der Gesellschaft und der BaFin mitgeteilt werden. Die Gesellschaft hat die Mitteilung zu veröffentlichen und im Anschluss die Veröffentlichung an die BaFin zu übersenden.

  - Wesentliche Beteiligungen:

    Innerhalb von vier Handelstagen nach Abschluss der Transaktion müssen Aktionäre der Gesellschaft und der BaFin mitteilen, dass eine Stimmrechtsquote von 3 %, 5 %, 10 %, 15 %, 20 %, 25 %, 30 %, 50 % oder 75 % erreicht, über- oder unterschritten wurde. Die Gesellschaft hat die Mitteilung wiederum zu veröffentlichen und im Anschluss die Veröffentlichung an die BaFin zu übersenden.

2.4 Einflussrechte & Besicherung

Zur Sicherung von etwaigen Ansprüchen des Käufers – namentlich solchen aus Garantiefällen – wird nicht selten vereinbart, dass ein Teil des Kaufpreises (zwischen 5 und 10 %) für einen bestimmten Zeitraum entweder als (zu verzinsende) Sicherheit einbehalten oder auf ein verzinsliches Treuhandkonto (Escrow-Konto) überwiesen wird. Da beim teilweisen Einbehalt des Kaufpreises keine Kosten anfallen, handelt es sich hierbei für die Parteien um die kostengünstigere Lösung. Ob ein Kaufpreiseinbehalt jedoch in Betracht kommt, hängt letztlich davon ab, ob der Verkäufer in die Bereitschaft und Fähigkeit des Käufers vertraut, den Kaufpreisrest nach Ablauf der hierfür vorgesehenen Frist zu begleichen.

Trotz höherer Kosten wird die Lösung über ein Treuhandkonto nicht selten der bevorzugte Weg sein. Die Verwaltung des Kontos kann durch einen Treuhänder in der Person eines unabhängigen Rechtsanwalts oder Notars erfolgen. Weniger kostenintensiv wird die Einrichtung eines gemeinschaftlichen Treuhandkontos durch beide Parteien in Gestalt eines »Und«-Kontos sein. In diesem Fall sollten die Parteien aber dafür Sorge tragen, dass die Auszahlungsbedingungen einfach strukturiert sind, so dass die Bank ohne großen Aufwand und Risiko die Auszahlung vornehmen kann.

Alternativ können Ansprüche des Käufers im Garantiefall dadurch abgesichert werden, dass der Verkäufer eine selbstschuldnerische Bürgschaft einer Bank »auf erstes Anfordern« übergibt.

Kapitel 3

Öffentliche Übernahme

3.1 Definition & Grundstruktur

Der Erwerb von Aktien einer börsennotierten AG oder KGaA kann auch durch ein öffentliches Angebot an die Aktionäre erfolgen (Public M&A). Hierzu hat der Gesetzgeber mit dem Gesetz zur Regelung von öffentlichen Angeboten zum Erwerb von Wertpapieren und Unternehmensübernahmen (WpÜG) konkrete Regelungen aufgestellt.

Das WpÜG in seiner gegenwärtigen Fassung findet auf alle öffentlichen Kauf- und Tauschangebote zum Erwerb von Aktien einer inländischen AG oder KGaA (Zielgesellschaft) Anwendung, sofern diese Papiere zum Handel an einem organisierten Markt in Deutschland (Regulierter Markt) oder einem anderen EWR-Staat zugelassen sind.

Im WpÜG werden folgende Angebotsarten unterschieden:

Abb. 3 *Angebotsarten*

Angebotsarten

Einfache öffentliche Erwerbsangebote	**Übernahmeangebote**	**Pflichtangebote**
Freiwilliges Angebot: Nicht auf die Überschreitung der Kontrollschwelle von mind. 30 % der Stimmrechte gerichtet (auch unter Berücksichtigung bereits bestehender Beteiligungen)	Freiwilliges Angebot: Zielt auf den erstmaligen Kontrollerwerb (also mind. 30 % der Stimmrechte) ab	Gesetzliche Verpflichtung zur Abgabe, wenn Bieter durch außerbörsliche oder börsliche Erwerbsgeschäfte, die nicht auf einem Übernahmeangebot beruhen, Kontrolle (also mind. 30 % der Stimmrechte) erlangt hat.

3.1 Definition & Grundstruktur

Für die Berechnung der Kontrollschwelle kommt es dabei nicht nur auf die vom Bieter unmittelbar gehaltenen stimmberechtigten Aktien an, vielmehr sind ihm auch Stimmrechte Dritter zuzurechnen, so z. B. aus Aktien,

- die einem Tochterunternehmen des Bieters gehören,
- die für Rechnung des Bieters gehalten werden,
- die vom Bieter als Sicherheit übertragen worden sind,
- an denen ein Nießbrauch des Bieters besteht,
- die der Bieter mittels Option durch eigene Erklärung erwerben kann,
- die dem Bieter frei von Weisung des Dritten anvertraut sind oder
- die Personen gehören, mit denen der Bieter sein Verhalten in Bezug auf die Zielgesellschaft abgestimmt hat (»acting in concert«).

Bei der Berechnung des Stimmrechtsanteils können auf Antrag bestimmte Stimmrechte von der BaFin unberücksichtigt gelassen werden (z. B. bei Aktienerwerben aufgrund Erbgangs, Rechtsformwechsels oder konzerninterner Umstrukturierung). Des Weiteren kann die BaFin ausnahmsweise Befreiung von der Verpflichtung zur Abgabe eines Pflichtangebots erteilen.

3.2 Rechtlicher Rahmen

3.2.1 Ablaufplan eines Angebotsverfahrens aus Bietersicht

Bei der Durchführung eines einfachen Erwerbs- oder Übernahmeangebots sind u. a. folgende Stationen zu durchlaufen:

1) Vorbereitungsmaßnahmen

- Einschaltung externer Berater (Investmentbanken, Rechtsanwälte, Wirtschaftsprüfer, Werbeagenturen etc.);
- Bei Übernahmeangeboten: Während der drei Monate vor Veröffentlichung der Entscheidung zur Abgabe des Angebots sollte der Börsenkurs der Zielgesellschaft beobachtet werden, um den Mindestangebotspreis festzustellen;
- Vorgespräche mit Zielgesellschaft und Großaktionären, eventuell Durchführung einer Due Diligence (vgl. dazu 1.4.3);
- Sicherstellung der Finanzierung des Angebots sowie Einholung einer Finanzierungsbestätigung bei Barangeboten.

2) Angebotsphase

- Entscheidung der Gremien des Bieters zur Abgabe des Angebots;
- Unverzügliche Mitteilung der Entscheidung an die befassten Börsen sowie die BaFin;
- Veröffentlichung der Entscheidung in mindestens einem überregionalen Börsenpflichtblatt oder einem elektronisch beriebenen Informationssystem in deutscher Sprache;
- Erstellung des Entwurfs einer Angebotsunterlage innerhalb von vier Wochen ab Veröffentlichung der Entscheidung über die Angebotsabgabe. Die Angebotsunterlage muss u. a. zu folgenden Gegenständen Informationen enthalten:
    - Firma, Sitz und Rechtsform des Bieters sowie der Zielgesellschaft;
    - Wertpapiere, die Gegenstand des Angebots sind (z. B. ISIN);

- Art und Höhe der für die Wertpapiere der Zielgesellschaft gebotenen Gegenleistung;
- Informationen zu Bedingungen, von denen die Wirksamkeit des Angebots abhängt (z. B. Kartellvorbehalte, Mindestannahmequote, Material Adverse-Change-Klauseln, sonstige Gegenleistungsvorbehalte);
- Beginn und Ende der Annahmefrist, wobei der Zeitraum nicht weniger als vier und regelmäßig nicht mehr als zehn Wochen betragen darf;
- Besteht die Gegenleistung in liquiden Aktien, müssen in Bezug auf diese Aktien alle Angaben gemacht werden, die bei der Durchführung eines öffentlichen Angebots Inhalt eines Prospekts wären;
- Angaben zur Finanzierung des Angebots, im Falle eines Barangebots zudem Finanzierungsbestätigung eines Wertpapierdienstleistungsunternehmens;

- Der Entwurf ist bei der BaFin form- und fristgerecht zur Prüfung einzureichen. Im Anschluss Gestattung/Untersagung des Entwurfs der Angebotsunterlage durch die BaFin;
- Veröffentlichung der Angebotsunterlage.

3) <u>Annahmephase</u>

- Mit Veröffentlichung der Angebotsunterlage beginnt die vier bis zehn Wochen dauernde Annahmephase;
- Übermittlung der Angebotsunterlage an Vorstand und Aufsichtsrat der Zielgesellschaft; Veröffentlichung der Stellungnahmen von Vorstand und Aufsichtsrat einschließlich der Stellungnahmen von Betriebsrat und Arbeitnehmer der Zielgesellschaft als Anlage zur Angebotsunterlage;
- Wöchentliche und in der letzten Woche vor Fristablauf tägliche Veröffentlichung von »Wasserstandsmeldungen« über die aktuelle Zahl der vom Bieter gehaltenen oder ihm zuzurechnenden sowie der ihm auf das Angebot hin angedienten Aktien;

- Ende der Annahmefrist, Veröffentlichung der Annahmequote;

- Bei Übernahmeangeboten weitere Annahmefrist von zwei Wochen (»Zaunkönigregelung«) für solche Aktionäre, die erst den Erfolg des Übernahmeangebots abwarten wollten; anschließend wiederum Veröffentlichung der Annahmequote.

4) <u>Nachangebotsphase</u>

- Nach Veröffentlichung der Annahmequote eines Übernahmeangebots (nicht Erwerbsangebots) läuft eine einjährige Nachangebotsphase. Erwirbt der Bieter in diesem Zeitraum weitere Aktien der Zielgesellschaft, so hat er dies unverzüglich unter Angabe der Art und Höhe der für jede Aktie gewährten Gegenleistung zu veröffentlichen und der BaFin mitzuteilen.

- Bei außerbörslichen Erwerben, für die eine höhere Gegenleistung als im Angebot gewährt wird, hat der Bieter an diejenigen Aktionäre, die das Angebot zuvor angenommen haben, grundsätzlich den Differenzbetrag zu zahlen.

3.2.2 Abwehrmaßnahmen der Zielgesellschaft

Je nachdem, ob das Management der Zielgesellschaft das Übernahmeangebot des Bieters unterstützt oder ablehnt, wird es als »freundlich« oder »feindlich« qualifiziert. Feindliche Übernahmen stehen untrennbar in Zusammenhang mit der Frage, welche Abwehrmaßnahmen der Vorstand der Zielgesellschaft ergreifen darf. Zu unterscheiden sind hierbei präventive und repressive Abwehrmaßnahmen. Präventive Abwehrmaßnahmen werden vorsorglich und nicht in Bezug auf ein konkretes Übernahmeangebot durchgeführt. Sie sind im Kern darauf gerichtet, die Kontrollerlangung bzw. die spätere Kontrollausübung zu erschweren. Ihre Zulässigkeit ist grundsätzlich zu bejahen. Exemplarisch lassen sich hier folgende Maßnahmen nennen:

- Qualifizierte Mehrheit zur Abberufung von Aufsichtsratsmitgliedern und gestaffelte Amtszeit der Aufsichtsratsmitglieder;

- Satzungsmäßig hohe Mehrheiten (80-85%) für Maßnahmen, bei denen das Gesetz qualifizierte Mehrheiten vorsieht (z. B. Kapitalerhöhungen, Satzungsänderungen);

- Ausgabe von Vorzugsaktien ohne Stimmrecht;
- Ausgabe von Belegschaftsaktien;
- Ausgabe von Wandel- und Optionsschuldverschreibungen mit Change-of-Control-Klauseln, die den Anleihegläubigern ein Kündigungsrecht verschaffen und zu erheblichem Liquiditätsabfluss bei der Zielgesellschaft führen können;
- Börsengang von Tochtergesellschaften (Equity Carve-out)
- Change-of-Control-Klauseln in wichtigen Verträgen;
- Gewährung von Kaufoptionen auf Vermögenswerte der Zielgesellschaft für den Fall der Übernahme.

Von repressiven Abwehrmaßnahmen spricht man demgegenüber, wenn die betreffende Handlung zur Abwehr eines konkreten Übernahmeangebots ergriffen wird. Das WpÜG beschränkt die Zulässigkeit repressiver Abwehrmaßnahmen, indem es dem Vorstand grundsätzlich eine Neutralitätspflicht in der Zeit zwischen Veröffentlichung der Entscheidung zur Durchführung eines Übernahmeangebots bis zum Ablauf der Annahmefrist auferlegt. Der Neutralitätsgrundsatz wird jedoch durch vier Ausnahmen durchbrochen, die den Vorstand zu folgenden Handlungen berechtigen:

- Ergreifen von Maßnahmen, die auch ein ordentlicher und gewissenhafter Geschäftsleiter einer Gesellschaft, die nicht Ziel eines Übernahmeangebots ist, vorgenommen hätte;
- Suche nach einem konkurrierenden Angebot (White Knight);
- Durchführung von Abwehrmaßnahmen, denen der Aufsichtsrat der Zielgesellschaft zugestimmt hat;
- Vornahme von Abwehrhandlungen, denen die Hauptversammlung durch »Vorratsermächtigungen« in den letzten 18 Monaten zugestimmt hat.

3.3 Stolpersteine

Die ordnungsgemäße Durchführung eines Angebotsverfahrens stellt für den Bieter eine organisatorische Herausforderung dar, die umfassender Vorbereitung bedarf. Aus rechtlicher Sicht sind hierbei insbesondere folgende Risiken zu beachten:

- Ständige Kontrolle der Zurechnungen

  Zur Vermeidung von Pflichtangeboten muss namentlich in Konzernen und bei Stimmrechtsvereinbarungen die Frage nach unbeabsichtigten Zurechnungen sorgfältig geprüft werden.

- Vermeidung von Ad-hoc-Mitteilungen

  Handelt es sich bei dem Bieter um ein börsennotiertes Unternehmen, sollte bereits in der Entscheidung zur Abgabe eines Angebots die Höhe der Gegenleistung veröffentlicht werden. Auf diese Weise lassen sich Zweifelsfragen im Hinblick darauf, wann die Höhe der Gegenleistung als kursbeeinflussende Tatsache im Wege der Ad-hoc-Publizität veröffentlicht werden muss, ausräumen.

- Verpflichtung zur Abgabe eines Barangebots

  Im Rahmen eines Übernahmeangebots hat der Bieter oftmals ein Interesse daran, die Aktien an der Zielgesellschaft ausschließlich aufgrund eines Tauschs gegen Gewährung liquider Aktien zu erwerben. Dieser Zielsetzung steht es jedoch entgegen, wenn der Bieter

  - innerhalb von sechs Monaten vor Veröffentlichung der Entscheidung zur Durchführung eines Übernahmeangebots bis zum Ende der Annahmefrist mindestens 5 % der Aktien oder Stimmrechte gegen Geldleistung erwirbt.

In diesem Fall ist der Bieter verpflichtet, den Aktionären (auch) ein Barangebot zu unterbreiten.

3.3 Stolpersteine

- Erstellung der Angebotsunterlage

  Die Angebotsunterlage muss klar gegliedert und verständlich abgefasst sein. In ihr enthaltene Angaben müssen zudem vollständig und richtig sein. Andernfalls droht eine Haftung gegenüber denjenigen Personen, die das Angebot angenommen haben. Die Haftung entspricht dabei im Grundsatz der strengen börsenrechtlichen Prospekthaftung.

- Vermeidung einer spekulativen Erhöhung des Angebotsmindestpreises

  Die Gegenleistung bei Übernahme- und Pflichtangeboten muss mindestens dem gewichteten Durchschnittskurs der Aktie der Zielgesellschaft in den drei Monaten vor der Bekanntgabe des Entschlusses zur Abgabe eines Übernahmeangebots bzw. vor Kontrollerlangung bei Pflichtangeboten entsprechen. Kommt es zu einer Bekanntgabe eines bevorstehenden Übernahme- bzw. Pflichtangebots vor dem genannten Zeitpunkt, z. B. durch eine Ad-hoc-Mitteilung, so kann der Kurs der Aktie spekulativ in die Höhe schnellen und sich so das gesamte Angebot verteuern.

Kapitel 4

Fusion

4.1 Definition & Grundstruktur

Die Fusion zweier oder mehrerer Unternehmensträger lässt sich auf zwei Arten verwirklichen: Zum einen ist es möglich, dass ein Unternehmensträger sein Unternehmen im Wege der Sachkapitalerhöhung in einen anderen Unternehmensträger gegen Gewährung von Anteilsrechten einbringt. Praktisch bedeutsamer ist jedoch die Fusion verstanden als Verschmelzung nach dem Umwandlungsrecht. Die umwandlungsrechtliche Verschmelzung kann entweder im Wege der Aufnahme oder im Wege der Neugründung erfolgen.

Mit der Verschmelzung durch Aufnahme wird das Vermögen eines übertragenden Unternehmensträgers (z. B. AG, GmbH oder GmbH & Co. KG) oder mehrerer übertragender Unternehmensträger als Ganzes auf einen anderen übernehmenden Unternehmensträger verschmolzen. Der oder die übertragende(n) Unternehmensträger wird/werden dabei ohne Liquidation aufgelöst. Die Anteilsinhaber des/der übertragenden Unternehmensträger(s) erhalten als Kompensation für das Erlöschen Anteilsrechte am übernehmenden Unternehmensträger.

Abb. 4 *Verschmelzung durch Aufnahme*

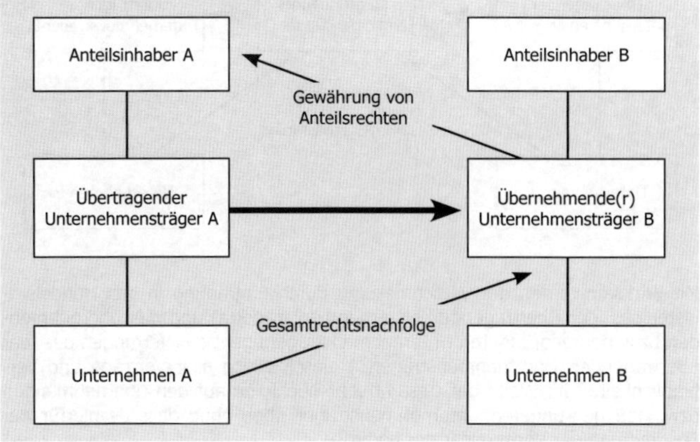

4.1 Definition & Grundstruktur

Mit der Verschmelzung durch Neugründung wird das Vermögen zweier oder mehrerer übertragender Unternehmensträger jeweils als Ganzes auf einen neuen, von ihnen dadurch gegründeten Unternehmensträger verschmolzen. Die übertragenden Unternehmensträger werden dabei ohne Liquidation aufgelöst. Die Anteilsinhaber der übertragenden Unternehmensträger erhalten als Kompensation für das Erlöschen Anteilsrechte am neu gegründeten Unternehmensträger.

***Abb. 5** Verschmelzung durch Neugründung*

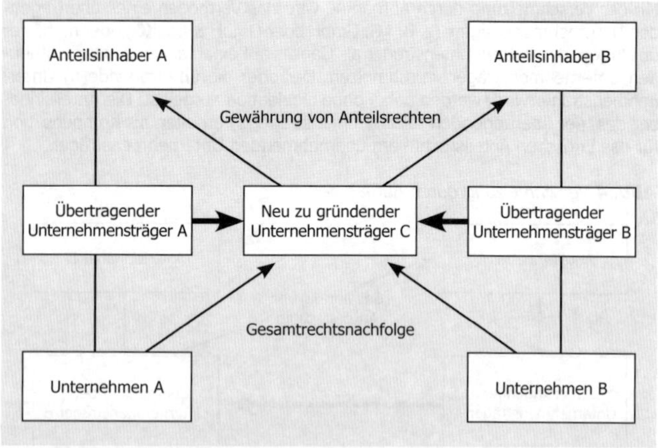

Mit Wirksamwerden der Verschmelzung durch Eintragung in das Handelsregister des/der übertragenden Unternehmensträger(s) und des übernehmenden bzw. neu gegründeten Unternehmensträgers geht das Vermögen des/der übertragenden Unternehmensträger(s) einschließlich aller Verträge und Verbindlichkeiten im Wege der Gesamtrechtsnachfolge auf den übernehmenden bzw. neu gegründeten Unternehmensträger über, ohne dass es hierfür der Zustimmung der Vertragspartner bedürfte.

Eine Verschmelzung kann steuerlich und wirtschaftlich auf einen bei Handelsregisteranmeldung bis zu acht Monate zurückliegenden Stichtag zurückbezogen werden, wenn die Anmeldung der Verschmelzung zum Handelsregister innerhalb von acht Monaten nach dem Tag der Schlussbilanz erfolgt.

4.2 Rechtlicher Rahmen

Das Umwandlungssteuerrecht ermöglicht dem Grundsatz nach eine ertragsteuerneutrale Verschmelzung. Allerdings kann eine Verschmelzung Grunderwerbsteuer auslösen, wenn den beteiligten Rechtsträgern Grundstücke gehören.

Jede Verschmelzung lässt sich prinzipiell in vier aufeinander folgende Phasen untergliedern, innerhalb derer verschiedene Maßnahmen abgearbeitet werden müssen:

4.2.1 Vorbereitungsphase

1) Erstellung des Entwurfs eines Verschmelzungsvertrags, der grundsätzlich folgende Angaben enthalten muss:

- Firma und Sitz der an der Verschmelzung beteiligten Unternehmensträger;
- Vereinbarung über die Übertragung des Vermögens als Ganzes gegen Gewährung von Anteilen an dem übernehmenden bzw. neu zu gründenden Unternehmensträger;
- Festlegung des Umtauschverhältnisses und ggf. der Höhe der baren Zuzahlungen;
- Einzelheiten zur Übertragung bzw. zum Erwerb der Anteile am übernehmenden bzw. neu zu gründenden Unternehmensträger;
- Zeitpunkt des Gewinnbezugsrechts;
- Verschmelzungsstichtag, d. h. desjenigen Zeitpunkts, von dem an alle Handlungen für Rechnung des übernehmenden bzw. neu zu gründenden Unternehmensträgers erfolgen;
- Ggf. Sonderrechte, die der übernehmende bzw. neu zu gründenden Unternehmensträger bestimmten Anteilsinhabern gewährt;
- Besondere Vorteilsgewährung an Organe, Abschlussprüfer oder Verschmelzungsprüfer;
- Folgen für die Arbeitnehmer und deren Vertretungen sowie die insoweit vorgesehenen Maßnahmen.

2) Abschluss des notariell zu beurkundenden Verschmelzungsvertrags (auch erst im Rahmen der Vollzugsphase möglich).

3) Zuleitung des Verschmelzungsvertrags (oder des Entwurfs) an den Betriebsrat gegen Empfangsbekenntnis; die Zuleitung muss spätestens einen Monat vor der Gesellschafterversammlung stattfinden, die über die Zustimmung zur Verschmelzung beschließt.

4) Erstellung und ggf. Prüfung der Schlussbilanz der übertragenden Unternehmensträger. Als Schlussbilanz kann die Jahresbilanz verwendet werden, allerdings darf die Schlussbilanz auf einen nicht mehr als acht Monate vor der Anmeldung der Verschmelzung zum Handelsregister liegenden Stichtag aufgestellt worden sein.

5) Vorbereitung der Gesellschafterversammlungen der an der Verschmelzung beteiligten Unternehmensträger:

- Erstellung der Verschmelzungsberichte durch die Vertretungsorgane der an der Verschmelzung beteiligten Unternehmensträger;

- U. U. Prüfung des Verschmelzungsvertrags durch gesondert zu bestellende Verschmelzungsprüfer;

- Vorbereitung eines Kapitalerhöhungsbeschlusses;

- Unterrichtung der Gesellschafter über die beabsichtige Verschmelzung, d. h. Ankündigung der Verschmelzung als Beschlussgegenstand der Gesellschafter- bzw. Hauptversammlung sowie

    - bei der GmbH:
      Übersendung von Verschmelzungsvertrag (oder des Entwurfs) und Verschmelzungsbericht an die Gesellschafter, Auslegung der Jahresabschlüsse und Lageberichte für die letzten drei Geschäftsjahre in den Geschäftsräumen der Gesellschaft;

    - bei der AG:
      Einreichung des Verschmelzungsvertrags (oder des Entwurfs) zum Handelsregister; Auslegung des Verschmelzungsvertrags (oder des Entwurfs), des Verschmelzungsberichts und ggf. des Verschmelzungsprüfungsberichts, der Jahresabschlüsse sowie Lageberichte für die letzten drei Geschäftsjahre in den Geschäftsräumen der Gesellschaft.

4.2.2 Beschlussphase

1) Zustimmungsbeschlüsse der Gesellschaftergremien zur Verschmelzung (grdsl. ¾-Mehrheit bei Kapitalgesellschaften, Einstimmigkeit bei Personengesellschaften); notarielle Beurkundung notwendig; notarieller Verzicht auf Anfechtung der Gesellschafter wünschenswert, weil dadurch Eintragung der Verschmelzung beschleunigt wird.

2) Kapitalerhöhungsbeschluss der aufnehmenden Gesellschaft (Erhöhung des gezeichneten Kapitals).

4.2.3 Vollzugsphase

1) Abschluss des Verschmelzungsvertrags (oder bereits schon in der Vorbereitungsphase), notarielle Beurkundung notwendig.

2) Anmeldung der Kapitalerhöhung des aufnehmenden Unternehmensträgers.

3) Anmeldung der Verschmelzung zum Handelsregister der beteiligten Unternehmensträger.

4) Eintragung der Kapitalerhöhung.

5) Eintragung der Verschmelzung (zunächst übertragender, dann übernehmender Rechtsträger).

4.2.4 Mitteilungsphase

1) Unterrichtung des Finanzamtes (spätestens einen Monat nach Eintragung der Verschmelzung), der Sozialversicherungsträger, des Gewerbeaufsichtsamts und anderer Genehmigungsbehörden.

2) Mitteilung der Verschmelzung gegenüber Vertragspartnern bei laufenden Rechtsbeziehungen.

3) Berichtigungsantrag beim Grundbuchamt, soweit übertragende Unternehmensträger Grundbesitz hatten.

4.3 Stolpersteine

Durch Anfechtungsklagen gegen die Zustimmungsbeschlüsse der Gesellschafter- bzw. Hauptversammlungen können die Anteilsinhaber der an der Verschmelzung beteiligten Gesellschaften die Eintragung der Verschmelzung in das Handelsregister verzögern oder gar verhindern. Hierbei ist Folgendes zu beachten:

- Beschränkung der Anfechtungsmöglichkeiten

  Zunächst ist es den Anteilsinhabern des oder der übertragenden Unternehmensträger(s) verwehrt, ihre Anfechtungsklage darauf zu stützen, dass das ihnen angebotene Umtauschverhältnis zu niedrig bemessen sei. Insoweit sind sie auf das Spruchverfahren zu verweisen, mit dem sie das Ziel verfolgen können, das Umtauschverhältnis zu verbessern. Entsprechendes gilt für ein etwaiges im Verschmelzungsvertrag enthaltenes Barabfindungsangebot.

- Registersperre

  Rügt die erhobene Anfechtungsklage anderweitige Rechtsverletzungen, kann die Eintragung der Verschmelzung (zunächst) nicht vorgenommen werden. Vielmehr greift in einem solchen Fall die sog. Registersperre ein, und zwar im Prinzip solange, wie die Anfechtungsklage nicht rechtskräftig abgewiesen bzw. zurückgenommen worden ist.

- Aufhebung der Registersperre

  Die Registersperre ist allerdings überwindbar, wenn die von der Anfechtungsklage betroffene Gesellschaft das Freigabeverfahren erfolgreich betreibt. Das angerufene Gericht darf dabei nur dann die Eintragung der Verschmelzung freigeben, wenn

  - die Anfechtungsklage unzulässig oder offensichtlich unbegründet ist oder
  - der Kläger nicht nachweist, dass er seit Bekanntmachung der Einberufung der Hauptversammlung einen anteiligen Betrag am Grundkapital der Gesellschaft von mindestens 1.000 Euro hält oder
  - die alsbaldige Eintragung der Verschmelzung zur Abwendung der – insbesondere wirtschaftlichen – Nachteile für die an der Verschmelzung beteiligten Unternehmensträger und ihrer Anteilsinhaber gegenüber den (wirtschaftlichen) Klägerinteressen vorrangig erscheint.

4.3 Stolpersteine

Letzteres gilt nur dann nicht, wenn der Kläger seine Anfechtungsklage auf eine besonders schwere Rechtsverletzung stützen kann. Die Abwägung der beteiligten (wirtschaftlichen) Interessen erfolgt nach freier Überzeugung des Gerichts.

Neben umwandlungsrechtlichen Stolpersteinen sind bei der Verschmelzung stets auch kartellrechtliche Aspekte der Fusionskontrolle zu beachten.

Kapitel 5

Eigenkapital

5.1 Öffentliches Beteiligungskapital (Kapitalmarkttransaktion)

5.1.1 Definition & Grundstruktur

Die Finanzierung des Unternehmens erfolgt über einen Börsengang und die damit in der Regel verbundene öffentliche Platzierung von Aktien des Unternehmens. Neben den durch eine Kapitalerhöhung geschaffenen neuen Aktien des Unternehmens werden teilweise auch bestehende Aktien der Altaktionäre an interessierte Investoren platziert.

Abb. 6 *Aktienplatzierung*

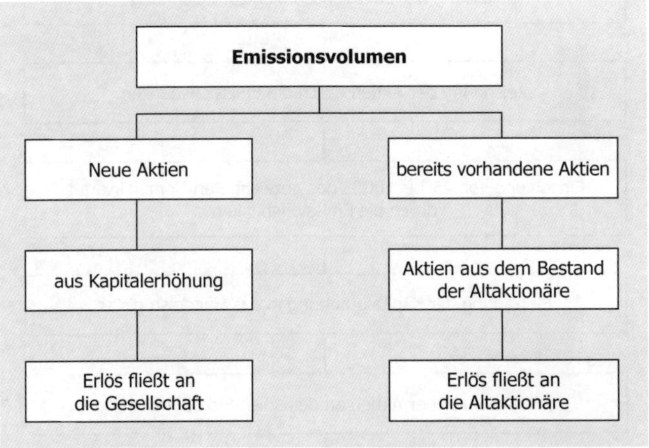

In der Regel werden die neuen Aktien zunächst von den Emissionsbanken gezeichnet und anschließend am Kapitalmarkt platziert *(zweistufiges Verfahren)*. Ohne Zwischenschaltung der Bank müsste jeder Investor die Aktien unmittelbar zeichnen, was bei der Vielzahl der Anleger kaum praktikabel ist, zumal die Kapitalerhöhung, mit der die neuen Aktien entstehen, zum Handelsregister unter Vorlage der entsprechenden Zeichnungsscheine angemeldet werden muss.

5.1 Öffentliches Beteiligungskapital (Kapitalmarkttransaktion)

Abb. 7 *Platzierungsstruktur*

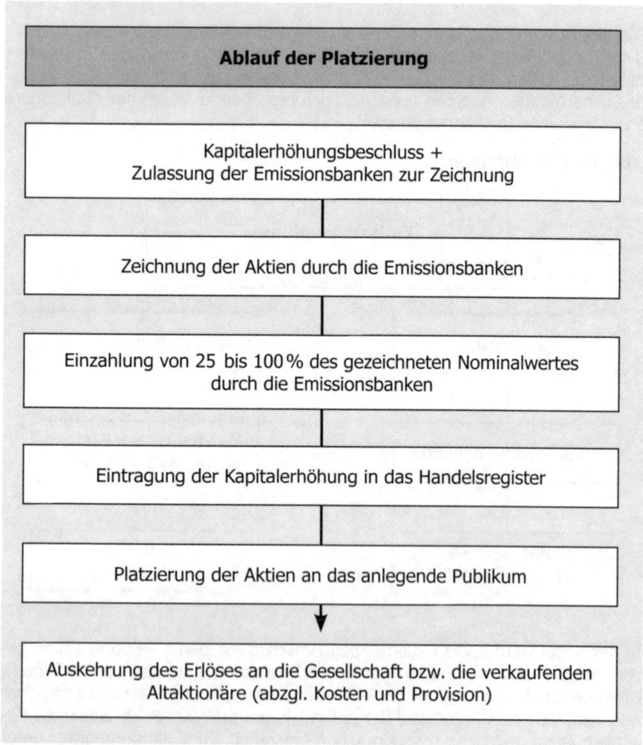

5.1 Öffentliches Beteiligungskapital (Kapitalmarkttransaktion)

5.1.2 Rechtlicher Rahmen

Rechtsform

Die Zulassung von Anteilen zum Handel an einer Börse setzt voraus, dass das emittierende Unternehmen in der Rechtsform der AG oder KGaA organisiert ist. Die börsenfähige Rechtsform entsteht entweder durch Gründung oder Umwandlung eines Unternehmens anderer Rechtsform. Je nach Umfang der erforderlichen Maßnahmen dauern Gründung oder Umwandlung gewöhnlich zwischen vier und zwölf Wochen. Die Gesellschaft kann zwischen Inhaber- und Namensaktien wählen. Regelmäßig werden bei Börsengängen Stammaktien und nicht Vorzugsaktien, die zumeist kein Stimmrecht tragen, dafür aber bei der Verteilung des Bilanzgewinns bevorzugt sind, ausgegeben.

Ein bestimmtes Mindestgrundkapital ist für einen Börsengang nicht vorgeschrieben. Gleichwohl wird die Gesellschaft gemeinsam mit der konsortialführenden Bank das für den Börsengang geeignete Grundkapital festlegen. Die Entscheidung hängt maßgeblich vom Unternehmenswert, dem Preis der Aktie und dem Kreis potentieller Investoren ab.

Des Weiteren muss das Unternehmen die wirtschaftlichen und organisatorischen Mindestanforderungen, also die Kapitalmarktreife, erfüllen. Dazu gehören neben einem leistungsfähigen Rechnungswesen und Controlling auch ein Risikomanagementsystem zur möglichst frühzeitigen Erkennung unternehmensgefährdender Risiken.

Kapitalmarktfähige Satzung

Die Satzung einer öffentlichen AG hat anders auszusehen als die einer privat geführten AG mit möglicherweise nur wenigen Aktionären. Beispielhaft finden sich in kapitalmarktfähigen Satzungen in der Regel folgende Bestimmungen:

- Ausschluss des Verbriefungsanspruchs (also keine Aktienurkunden, sondern nur Girosammelverwahrung in Form einer Globalurkunde);
- Stückaktien statt Nennbetragsaktien (Erleichterungen bei Kapitalerhöhungen und -herabsetzungen);
- Festsetzung eines börsenfähigen Grundkapitals (nicht zu niedrig, damit eine ausreichende Liquidität im Handel mit der Aktie gewährleistet ist);

- Einräumung von genehmigtem Kapital (d. h. Einsatz von eigenen Aktien bei Unternehmensakquisitionen) und bedingtem Kapital (z. B. für Mitarbeiterbeteiligungsprogramme);

- Erleichterungen für die Einberufung und Abhaltung einer öffentlichen Hauptversammlung;

- Möglichkeit der Beschränkung des Rederechts durch den Versammlungsleiter in der HV.

Regulatorisches Umfeld

Der Emittent von Aktien kann grundsätzlich zwischen verschiedenen Marktsegmenten wählen: dem Regulierten Markt, in dem seit dem 1. November 2007 der Amtliche Markt und der Geregelte Markt zusammengefasst sind (dem maßgeblich aufgrund von EU-Vorgaben regulierten Markt) und dem Freiverkehr (Open Market an der Frankfurter Wertpapierbörse).

Tab. 2 *Regulatorisches Umfeld*

Zwei Zugänge zum Kapitalmarkt	EU-regulierte Märkte	privatrechtlicher Markt
Zwei gesetzliche Marktsegmente	Regulierter Markt	Freiverkehr (Open Market)
Drei Transparenzlevels (unterschiedliche Informationspflichten, vor allem nach dem Börsengang)	Prime Standard (Teilbereich) General Standard	Entry Standard (Teilbereich)

Die Zulassungsvoraussetzungen, aber auch die Informationspflichten nach dem Börsengang fallen je nach Börsensegment unterschiedlich streng aus. Über den Antrag auf Zulassung von Wertpapieren zu dem Regulierten Markt entscheidet in einem förmlichen Zulassungsverfahren die an jeder Wertpapierbörse bestehende Zulassungsstelle. Einen wesentlichen Bestandteil des Zulassungsantrags stellt der Zulassungsprospekt dar. Vor Einführung der Wertpapiere an der Börse muss dieses Dokument von der BaFin gebilligt und anschließend vom Emittenten veröffentlicht werden.

5.1 Öffentliches Beteiligungskapital (Kapitalmarkttransaktion)

Der Antrag auf Börsenzulassung ist vom Emittenten zusammen mit einem Kredit- oder Finanzdienstleistungsinstitut, das zum Handel an einer deutschen Börse zugelassen ist, zu stellen.

Beim Freiverkehr erfolgt keine förmliche Zulassung, sondern die Aktien sind vielmehr durch die Börse auf Antrag eines Handelsteilnehmers in den Freiverkehr einzubeziehen, wenn eine ordnungsgemäße Durchführung des Handels und der Geschäftsabwicklung gewährleistet erscheint. Eine Prospektpflicht entsteht bei Notierung im Freiverkehr nur dann, wenn die Aktien öffentlich angeboten werden. Gehen die Aktien im Wege der Privatplatzierung an qualifizierte Anleger (institutionelle Investoren, dazu gehören u. a. Versicherungen, Kapitalanlagegesellschaften, Pensionsfonds, Zentralbanken, Währungsfonds sowie nationale und regionale Regierungen, kleinere oder mittlere Unternehmen sowie natürliche Personen, die in das Register für qualifizierte Anleger bei der BaFin eingetragen sind), so ist im Open Market lediglich ein sog. »Formblatt Emittentendaten« zu erstellen. Das »Formblatt Emittentendaten« hat einen wesentlich geringeren Regelungsgehalt als der nach detaillierten EU-rechtlichen Vorgaben zu erstellende Prospekt. Das nach den Allgemeinen Geschäftsbedingungen für den Freiverkehr an der Frankfurter Wertpapierbörse zu erstellende Formblatt dient einer möglichst zutreffenden Beurteilung des Emittenten.

Entry Standard

Seit dem 25.10.2005 existiert an der Frankfurter Wertpapierbörse ein neues Qualitätssegment innerhalb des Freiverkehrs (Entry Standard), das eigens für kleinere und mittlere Unternehmen geschaffen wurde. Beim Entry Standard handelt es sich um eine kosteneffiziente und unkomplizierte Alternative zum Börsengang in den EU-regulierten organisierten Märkten. Im Entry Standard sind die Informations- und Transparenzstandards wesentlich geringer als in den organisierten Märkten, aber im Vergleich zum herkömmlichen Freiverkehr deutlich umfangreicher ausgeprägt. Anders als im gewöhnlichen Freiverkehr muss der Emittent innerhalb des Entry Standards folgende Unternehmensinformationen auf seiner Internetseite veröffentlichen:

- Wesentliche Unternehmensnachrichten;
- Testierter Konzernjahresabschlusses innerhalb von sechs Monaten nach Beendigung des Berichtszeitraums;
- Unternehmenskurzprofil und Unternehmenskalender, die jährlich zu aktualisieren sind.

5.1 Öffentliches Beteiligungskapital (Kapitalmarkttransaktion)

Rechtliche Dokumentation

Sollen Aktien im organisierten Markt (Regulierter Markt) zugelassen oder aber öffentlich angeboten werden, bedarf der Börsengang einer aufwändigen rechtlichen Dokumentation. Zunächst führen die Emissionsbanken eine umfangreiche Due Diligence durch, also eine Prüfung und Analyse des Geschäftsmodells, der historischen Finanzzahlen, der Unternehmensstruktur sowie sämtlicher Rechtsaspekte.

Das zentrale Dokument zur Information und Aufklärung der Anleger im organisierten Markt sowie bei öffentlichen Angeboten ist der Prospekt. Er muss über die tatsächlichen und rechtlichen Verhältnisse, die für die Beurteilung der zuzulassenden Wertpapiere wesentlich sind, Auskunft geben sowie inhaltlich richtig und vollständig sein. Sein Inhalt ist EU-weit detailliert vorgeschrieben und grob wie folgt zusammenzufassen:

- Risikofaktoren;
- Detaillierte Darstellung des Angebots und der angebotenen Aktien;
- Ausführliche Angaben zur Gesellschaft, ihrer Organe und ihrer Kapitalausstattung;
- Angaben über die Verwendung des Emissionserlöses;
- Darstellung und Analyse der Vermögens-, Finanz- und Ertragslage der Gesellschaft;
- Eingehende Beschreibung der Geschäftstätigkeit;
- Finanzteil (Abbildung von drei Geschäftsjahren sowie ggf. Zwischenberichte).

Deutsche Unternehmen müssen den Prospekt in deutscher Sprache erstellen, für ausländische Unternehmen reicht in der Regel ein Prospekt in englischer Sprache aus.

5.1 Öffentliches Beteiligungskapital (Kapitalmarkttransaktion)

Wie der Prospekt stellt auch der Übernahmevertrag ein außerordentlich wichtiges Dokument für den Börsengang dar. Kernbestimmung des Übernahmevertrages ist die Verpflichtung der Emissionsbanken zur Übernahme der zu platzierenden Aktien, die in der Regel unter verschiedenen Bedingungen steht. Beispielsweise wird die Emissionsbank die Aktien nur dann übernehmen, sofern im Zeitpunkt der Übernahme die von der Gesellschaft im Übernahmevertrag abzugebenden Gewährleistungen zu ihrem Geschäftsbetrieb und den rechtlichen Verhältnissen richtig sind und bestimmte Dokumente zur Absicherung der Emissionsbanken vorliegen. Dazu gehören:

- Legal Opinion (Bestätigung) der beratenden Rechtsanwälte über den Bestand der Gesellschaft und die Wirksamkeit der Aktienausgabe;

- Disclosure Opinion (Bestätigung) der beratenden Rechtsanwälte über die Richtigkeit und Vollständigkeit des Prospekts;

- Officer's Certificate (Bestätigung) des Vorstands zu bestimmten Gewährleistungsthemen;

- Comfort Letter (Bestätigung) der Abschlussprüfer zu den historischen Finanzzahlen, die im Prospekt enthalten sind.

Darüber hinaus verpflichtet sich die Gesellschaft im Übernahmevertrag, innerhalb einer Frist von regelmäßig sechs bis zwölf Monaten nach der Emission keine weiteren Kapitalerhöhungen vorzunehmen. Die Altgesellschafter gehen die Verpflichtung ein, die ihnen nach dem Börsengang noch verbleibenden Aktien innerhalb des vorgenannten Zeitraums nicht zu veräußern und auch nicht zum Kauf anzubieten (Haltefrist oder Lock-up-Periode).

Ferner wird den Emissionsbanken im Übernahmevertrag eine Mehrzuteilungsoption (Greenshoe-Option) eingeräumt, wonach die Emissionsbanken das Recht haben, innerhalb eines bestimmten Zeitraums nach Emission weitere Aktien im Gesamtnennwert von ca. 10 bis maximal 15 % des Emissionsvolumens zum gleichen Bezugspreis zu beziehen. In diesem Umfang können die Emissionsbanken mehr Aktien zuteilen als sie durch das ursprüngliche Emissionsvolumen gezeichnet haben. Damit die Emissionsbanken die Aktien bei überbordender Nachfrage sofort liefern können, werden diese in der Regel von Altgesellschaftern im Wege des Wertpapierdarlehens zur Verfügung gestellt. Bei sinkendem Kurs können die Emissionsbanken das Wertpapierdarlehen durch Stützungskäufe vom Markt zurückführen. Insoweit üben sie ihre

Greenshoe-Option nicht aus. Steigt dagegen der Kurs, üben die Banken die Greenshoe-Option aus und führen mittels der dadurch erlangten Aktien das Wertpapierdarlehen an die Altgesellschafter zurück.

5.1.3 Stolpersteine

Prospekthaftungsrisiko

Schuldhaft unrichtige oder unvollständige Angaben im Prospekt verpflichten den Emittenten und u. U. auch die Emissionsbank zum Schadenersatz gegenüber dem Anleger. Ein Haftungsrisiko besteht schon dann, wenn der vom Prospekt erzeugte Gesamteindruck zu positiv ist, ohne dass einzelne Angaben nachweisbar falsch oder unvollständig sein müssen. Wegen des Haftungsrisikos sollte der Prospekt in sachlicher, nüchterner und nicht werbender Sprache abgefasst sein. In die Zukunft gerichtete Aussagen und Prognosen sind besonders vorsichtig zu formulieren. Sie müssen auf nachprüfbaren Tatsachen beruhen und kaufmännisch vertretbar sein. Der Prospekt ist weniger ein Marketinginstrument als ein Haftungsvermeidungsinstrument. Im Innenverhältnis wird das Prospekthaftungsrisiko von der Emissionsbank vollständig auf den Emittenten abgewälzt. Dies ist auch sachgerecht, denn letztlich kann nur der Emittent die Verantwortung für die Beschreibung seines Geschäfts im Prospekt und die damit verbundenen Risiken tragen.

Übernahmevertrag

Wichtig ist aus Sicht des Unternehmens, möglichst schon im Zeitpunkt der Beauftragung der Investmentbank im Rahmen des Mandatsbriefs (Engagement Letter) wesentliche Themen des Übernahmevertrages zu adressieren. Breiten Raum nehmen im Übernahmevertrag die Gewährleistungen des Emittenten ein. Das Unternehmen wird im eigenen Interesse jede einzelne Gewährleistung sorgfältig und intensiv überprüfen müssen. Diese Prüfung dient neben der Haftungsvermeidung gegenüber den Investmentbanken auch dazu, das Unternehmen im eigenen Interesse vor der Aktienemission durchzuchecken, etwaige Missstände zu identifizieren, sie ggf. zu beheben oder bei den Risikofaktoren im Prospekt offen zu adressieren.

Vorsicht ist aus Sicht des Unternehmens geboten bei in die Zukunft gerichteten Verpflichtungen oder Zusicherungen gegenüber der Investmentbank. Sachlich nachvollziehbar und deshalb gerechtfertigt sind folgende Verpflichtungen für den Zeitraum nach dem Börsengang:

- Ergänzung des Prospektes, soweit nachträglich ein Ereignis eintritt, das prospektpflichtig ist;
- Aufrechterhaltung der Börsenzulassung für einen bestimmten Zeitraum;
- Verpflichtung zur ordnungsgemäßen Kapitalmarktkommunikation;
- Unterlassen marktmanipulierender Maßnahmen;
- Verpflichtung, innerhalb eines bestimmten Zeitraums (Lock-up) keine Kapitalerhöhung durchzuführen.

Nicht sachlich gerechtfertigt wäre es z. B., wenn im Übernahmevertrag auch Gewährleistungen im Hinblick auf den zukünftigen Geschäftsverlauf abverlangt würden.

Falls Altaktionäre Aktien verkaufen, sind deren Gewährleistungen frühzeitig zu klären, insbesondere inwieweit sie auch unternehmensbezogene Zusicherungen umfassen. Trotz aller Standardisierung sollte der Inhalt der Opinions und Comfort Letters ebenfalls möglichst frühzeitig geklärt werden.

Internationale Gefahren

Ein weiterer Stolperstein schlummert in den Rechtsbestimmungen anderer Länder, selbst wenn die Aktien nicht zum Handel an einer ausländischen Börse zugelassen werden. So ist sicherzustellen, dass eine Veröffentlichung auf der Homepage des Emittenten nicht mit Vorschriften anderer Länder kollidiert. Es ist z. B. darauf zu achten, dass nicht durch eine entsprechende Werbung im Internet die Prospekt- oder Zulassungspflicht in einem anderen Land ausgelöst wird. In Deutschland stellt grundsätzlich jede Form von Werbung in öffentlichen Medien ein öffentliches Angebot dar. In den Vereinigten Staaten kann schon der Hinweis auf ein bevorstehendes öffentliches Angebot zur Prospekt- und Registrierungspflicht bei der SEC führen. Deshalb ist es von besonderer Bedeutung, sämtliche Marketingmaterialien sowie die Website des Emittenten mit Hinweisen zum Haftungsausschluss auszustatten (Disclaimer). Ferner ist nach Möglichkeit sicherzustellen, dass nur Personen aus solchen Ländern, in denen durch Veröffentlichung eines Prospekts den Anforderungen an ein öffentliches Angebot Genüge getan worden ist, Zugang zu der entsprechenden Werbung auf der Homepage haben.

5.1 Öffentliches Beteiligungskapital (Kapitalmarkttransaktion)

<u>Abgrenzung öffentliches Angebot/Privatplatzierung</u>

Tab. 3 *Öffentliches Angebot/Privatplatzierung*

<table>
<tr><th>Öffentliches Angebot</th><th>Privatplatzierung</th></tr>
<tr><td rowspan="2">Mitteilung an unbestimmte Anzahl von Anlegern mit Informationen über Angebotsbedingungen und die anzubietenden Wertpapiere</td><td>Angebot an < 100 nicht qualifizierte Anleger (Privatpersonen)</td></tr>
<tr><td>Angebot an qualifizierte Anleger (siehe zur Definition des qualifizierten Anlegers auch Seite 73)</td></tr>
</table>

Will ein Unternehmen seine Aktien nur im Freiverkehr listen und nur qualifizierten Anlegern zum Kauf anbieten, so bedarf es keines Prospektes nach dem Wertpapierprospektgesetz, sondern nur des sog. »Formblattes Emittentendaten«. Die Abgrenzung zwischen Privatplatzierung und öffentlichem Angebot ist in der Praxis jedoch problematisch und stellt eine schmale Gratwanderung dar. Als Grundsatz ist festzuhalten, dass bei einer Privatplatzierung jede Kombination von Unternehmensdaten (auf den Emittenten bezogene Geschäftsinformationen) und Handelsinformationen (z. B. Kursdaten, Handelsplatz, Wertpapierkennnummer) zu vermeiden ist.

Die Erwerbsmodalitäten dürfen weder auf der Homepage eines die Privatplatzierung durchführenden Emittenten noch in anderen Medien genannt werden, anderenfalls läge ein öffentliches Angebot vor, das eine Prospektpflicht auslöst. Insbesondere auf seiner Homepage hat der Emittent darauf zu achten, dass Tatsachen aus dem Unternehmen ohne Hinweis auf die Handelsmöglichkeit der Aktie genannt werden. Es darf auch kein Internet-Link zum Aktienkurs hergestellt werden. Die Internet-Homepage bedarf also einer besonders sorgfältigen Gestaltung unter professioneller Beratung.

Tab. 4 *Darstellung auf der Homepage*

Unzulässige Aussagen bei einer Privatplatzierung	Zulässige Aussagen bei einer Privatplatzierung
Die XY-AG hat Z Euro Gewinn gemacht und ihre Aktie ist um 5% gestiegen.	Die XY-AG hat Z Euro Gewinn gemacht.
Die XY-AG hat die Patentzulassung für ihr Produkt ABC erhalten. Die Aktie der XY-AG wird unter der Wertpapierkennnummer DEF an der Frankfurter Wertpapierbörse gehandelt.	Die XY-AG hat die Patentzulassung für ihr Produkt ABC erhalten.

Wird trotz Unterbreitung eines öffentlichen Angebots kein Prospekt erstellt, können für den Emittenten daraus erhebliche Sanktionen erwachsen. Neben einem Bußgeld der BaFin drohen vor allem Schadenersatzansprüche. Ein Erwerber von Aktien kann bei unrechtmäßigem Fehlen eines Prospekts von dem Emittenten die Übernahme dieser Aktien gegen Erstattung des Erwerbspreises verlangen.

Wer das Risiko eines Verstoßes ausschließen will, sollte sich von vornherein für die Erstellung eines Prospekts entscheiden. Dies erleichtert auch die Kapitalmarktkommunikation erheblich, denn für die Investoren steht ein Informationsdokument zur Verfügung. Nachteilig sind die im Verhältnis zum sog. »Formblatt Emittentendaten« deutlich höheren Erstellungskosten.

5.2 Privates Beteiligungskapital

Unternehmen, die keinen Zugang zur Börse und damit zum öffentlichen Markt der Beschaffung von Eigenkapital haben, sind zur Deckung ihres Kapitalbedarfs häufig auf privates Beteiligungskapital angewiesen – dies gilt insbesondere dann, wenn sie Fremdkapital von Kreditinstituten nicht aufnehmen können oder wollen.

Der Oberbegriff der privaten Beteiligungsfinanzierung lässt sich unterteilen in die Untergruppen Private Equity und Venture Capital. Venture Capital dient der Finanzierung junger Wachstumsunternehmen in einer frühen Unternehmensphase durch Zurverfügungstellung von privatem Beteiligungskapital. Demgegenüber bezeichnet der Begriff Private Equity die private Beteiligungsfinanzierung reiferer und etablierter Unternehmen.

5.2.1. Venture Capital

5.2.1.1 Definition & Grundstruktur

Unter Venture Capital – häufig mit den Begriffen Risiko- bzw. Wagniskapital gleichgesetzt – versteht man die Finanzierung von nicht börsennotierten, jungen Wachstumsunternehmen mit Eigenkapital. Der Risikokapitalgeber investiert mittels Kapitalerhöhung direkt in das Eigenkapital des Unternehmens, bleibt aber meist Minderheitsgesellschafter (Anteil unter 50 %).

Die Finanzierung des Unternehmens erfolgt in der Regel für einen begrenzten, vorher festgelegten Zeitraum. Das primäre Ziel des Venture Capital-Gebers (VC-Geber) ist, seine Beteiligungen später mit einem satten Gewinn zu veräußern (Exit).

Die angestrebten Renditen der VC-Geber liegen mit 15 bis 30 % jährlich überdurchschnittlich hoch. Dafür geht der VC-Geber jedoch bewusst die wesentlich größeren Risiken des jungen Wachstumsunternehmens ein.

VC-Geber und Unternehmenseigner (häufig zugleich Manager) begründen eine strategische Partnerschaft: Der VC-Geber stellt neben Kapital auch Unterstützungsleistungen (»smart money«, z. B. Know-how, Netzwerk, geschäftliche Kontakte, Sachmittel etc.) zur Verfügung, mit denen das Wachstum des Unternehmens gefördert werden soll. Die VC-Geber übernehmen damit Managementberatungsfunktionen.

5.2.1.2 Rechtlicher Rahmen

Der Beteiligungsvertrag ist neben der Satzung oder dem Gesellschaftsvertrag die Grundlage des zukünftigen Zusammenwirkens zwischen Unternehmenseigner, VC-Geber und Unternehmen.
Neben der Beteiligungs- und Finanzierungsform (Erwerb von Gesellschaftsanteilen, Zahlungen in die Rücklage, Gesellschafterdarlehen) werden insbesondere die Kontroll-, Informations- und Beteiligungsrechte des VC-Gebers sowie das Exitszenario (also der Ausstieg des VC-Gebers durch Verkauf der Beteiligung oder IPO) geregelt. Im Einzelnen:

- <u>Regelungen zur Beteiligungsquote, den Beteiligungsstufen und den Bedingungen der Beteiligung</u>

  Die Beteiligung des VC-Gebers erfolgt in der Regel über eine Kapitalerhöhung, ggf. flankiert durch Zuzahlungen in die Kapitalrücklage. Das Beteiligungskapital wird dem Unternehmen regelmäßig nicht auf einmal, sondern abhängig vom Erreichen bestimmter in der Beteiligungsvereinbarung näher definierter Ziele (Milestones) in verschiedenen Finanzierungsrunden zugeführt. Damit der VC-Geber die gewollte Beteiligungsquote tatsächlich erreicht, werden die Kapitalerhöhungen unter Ausschluss des Bezugsrechts der anderen Gesellschafter durchgeführt.

- <u>Festlegung der gesellschaftsrechtlichen Dokumente</u>

  Satzung bzw. Gesellschaftsvertrag, Geschäftsordnung für die Geschäftsführung und ggf. den Beirat.

- <u>Informations-, Mitwirkungs- und Kontrollrechte</u>

  Nur durch aktuelle und intensive Information kann der VC-Geber die für das Management seiner Beteiligung notwendige Kontrolle ausüben und Probleme im Unternehmen rechtzeitig erkennen. Dem Informationsbedürfnis des VC-Gebers wird regelmäßig durch ein vertraglich abgesichertes, umfassendes monatliches oder quartalsweises Reporting über die Entwicklung der Geschäftstätigkeit durch die Geschäftsführung an die Gesellschafter Rechnung getragen.
  Weiterhin werden im Beteiligungsvertrag die Entscheidungskompetenzen von Geschäftsführung und Gesellschafterversammlung bzw. Kontrollorgan neu geregelt. Zum Beispiel wird ein Katalog von Geschäftsführungsmaßnahmen, die der vorherigen Zustimmung des VC-Gebers bedürfen, festgelegt.

- Gewährleistungen

  Die Unternehmenseigner geben im Beteiligungsvertrag Garantien zum Zustand des Unternehmens, an dem sich der VC-Geber beteiligt, ab. Die Garantien betreffen üblicherweise Angaben über die Errichtung und die Existenz der Gesellschaft, die Jahresabschlüsse der Gesellschaft, zum Beteiligungsbesitz, zu gewerblichen Schutzrechten, Rechtsstreitigkeiten, Steuern sowie zum operativen Zustand der Gesellschaft (z. B. wesentliche Verträge mit Lieferanten und Kunden).

- Entsenderechte in Kontrollorgane (Aufsichtsrat oder Beirat)

  Besteht bei dem Zielunternehmen noch kein Kontrollorgan, so wird der VC-Geber häufig im Rahmen der Neuordnung der Kompetenzen auf die Errichtung eines Kontrollorgans dringen. Hierbei verlangt der VC-Geber in der Regel ein Entsenderecht, d. h. dass er eine bestimmte Anzahl von Beirats- oder Aufsichtsratsmitgliedern bestimmen (entsenden) darf.

- Regelungen zur Übertragung von Anteilen

  VC-Geber haben ein Interesse daran, dass sich die Gesellschafterstruktur ohne ihre Zustimmung während ihrer Beteiligung nicht verändert. Um dies zu erreichen, wird die Übertragung der Gesellschaftsanteile regelmäßig an die Zustimmung der Gesellschafterversammlung bzw. des VC-Gebers gebunden. Des Weiteren wird häufig festgelegt, dass ein Gesellschafter, der seinen Anteil verkaufen möchte, diesen zunächst den anderen Gesellschaftern im Verhältnis ihrer bisherigen Beteiligung zum Kauf anbieten muss.
  Typisch für Beteiligungsverträge mit VC-Gebern sind auch Regelungen zu Mitverkaufsrechten und Mitverkaufspflichten der Gesellschafter. Regelmäßig werden die Altgesellschafter verpflichtet, mitzuverkaufen, wenn der VC-Geber seine Anteile veräußert. Umgekehrt lässt sich der VC-Geber das Recht einräumen, seine Anteile mitzuveräußern, wenn einer der Altgesellschafter seine Anteile veräußert.

- Exit-Absprachen

  Die Beteiligung des VC-Gebers ist nur auf einen begrenzten Zeitraum ausgerichtet. Daher sind in dem Beteiligungsvertrag Regelungen über die Dauer der Beteiligung enthalten. In aller Regel wird schon im Beteiligungsvertrag die geplante Form des Ausstiegs durch den VC-Geber festgelegt. Die Entscheidungsmechanismen beim Exit werden zumindest schon skizziert, wer also zu welchem Zeitpunkt den Exit auslösen kann. Des Weiteren enthalten Beteiligungsverträge in vielen Fällen eine sog. Exit-Preference für den VC-Geber, wonach dieser im Falle des Exits aus dem Exit-Erlös bevorzugt seine Einlage und sonstige geleistete Einzahlungen erhält, bevor die Altgesellschafter aus dem Exit-Erlös bedient werden.

- Wettbewerbsklauseln

  Beteiligungsverträge sehen häufig auch Wettbewerbsverbote für die Altgesellschafter vor oder zumindest die Verpflichtung, ihre unternehmerischen Aktivitäten auf das Unternehmen zu konzentrieren.

- Risikolebensversicherung

  Vielfach findet sich in Beteiligungsverträgen die Verpflichtung, zumindest für die wesentlichen Manager einer Risikolebensversicherung auf deren Leben abzuschließen.

- Ausscheiden aus dem Management

  Häufig enthalten Beteiligungsverträge Regelungen darüber, dass das Management bei vorzeitigem Ausscheiden aus der Geschäftsleitung Anteile abgeben muss. Gebräuchlich sind Staffelungen nach bestimmten Zeiträumen sowie eine Unterscheidung danach, aus welchen Gründen der Manager ausscheidet (Good Leaver/Bad Leaver-Regelungen).

5.2.1.3 Stolpersteine

Kontrovers können alle zuvor genannten Regelungsgegenstände werden, denn die Interessen der Unternehmenseigner/Gründer und des VC-Gebers sind diametral entgegengesetzt. Die Altgesellschafter müssen sich von Anfang an bei einer VC-Beteiligung darüber im Klaren sein, dass sie für die Finanzierung ihres Unternehmens einen erheblichen Anteil ihrer bisherigen Macht abgeben oder zumindest teilen müssen. Sie sind nicht mehr alleine »Herr im eigenen Haus«.

Der VC-Geber wiederum möchte sicherstellen, dass nur ein aktiv tätiger Manager an der Gesellschaft beteiligt ist und ein Ausgeschiedener verpflichtet ist, seine Anteile entweder an den VC-Geber oder an die Gesellschaft zu übertragen, damit die Anteile für einen neu eintretenden Manager verwandt werden können. Die Manager, die häufig gleichzeitig auch Gründer des Unternehmens sind, haben naturgemäß Sorge, dass ihnen über die Kündigung ihres Anstellungsvertrages ihre Anteile »weggenommen werden können«. Unstreitig ist regelmäßig noch, dass der Manager bei Kündigung seines Anstellungsvertrages aus wichtigem Grund seine Anteile abgeben muss. Problematischer ist schon die Frage, wie es bei einer Kündigung unterhalb der Schwelle des wichtigen Grundes aussieht oder bei einem freiwilligen Rückzug des Managers. Rechtlich besonders problematisch ist die Frage, wie hoch die Gegenleistung für die dem Manager entzogenen Anteile sein muss. Modelle, wonach der Manager seine am Unternehmen bestehende Beteiligung bei Beendigung seines Anstellungsvertrages bzw. seiner Bestellung zum Geschäftsführer zum Einstandspreis zuzüglich einer angemessenen Verzinsung zurückgeben muss, sind grundsätzlich zulässig. Allerdings ist dies vom BGH für einen Fall entschieden worden, in dem der Manager während der Dauer seiner Beteiligung hohe Dividenden erhalten hat. Inwieweit die Rechtsprechung auf VC-Beteiligungen, bei denen in der Regel keine Dividende fließt, übertragen werden kann, bleibt abzuwarten. Jedenfalls darf die Gegenleistung für die entzogenen Anteile nicht zu gering bemessen sein.

Die von den Altgesellschaftern zu gebenden Gewährleistungen für den Zustand des Unternehmens erweisen sich im Laufe der Verhandlungen meistens weniger als Stolperstein für den erfolgten Abschluss der Transaktion. Wichtig ist, dass die Altgesellschafter ihre Haftung der Höhe nach vernünftig begrenzen.

Der Exit ist für den VC-Geber entscheidend. Die Unternehmensgründer reklamieren hier häufig ein Mitspracherecht, z. B. dass nicht an einen ungeliebten Wettbewerber verkauft werden soll. Im Gegensatz dazu möchte der VC-Geber in der Exit-Entscheidung frei sein und ohne Einschränkung die Mitverkaufsverpflichtung der übrigen Gesellschafter auslösen können, unabhängig davon, ob und an welchen Wettbewerber verkauft wird.

5.2.1.4 Einflussrechte & Besicherung

Die Einflussrechte eines VC-Gebers sind erheblich. Unerlässlich ist, dass der VC-Geber ein Mitspracherecht bei wesentlichen gesellschaftsrechtlichen Entscheidungen hat, und zwar unabhängig von seiner Beteiligungshöhe. In der Regel wird also vertraglich abgesichert, dass Satzungsänderungen, insbesondere Kapitalmaßnahmen, aber auch die Bestellung und Abberufung von Geschäftsführern, die Gewinnausschüttung oder die Bestellung des Abschlussprüfers der Zustimmung des VC-Gebers bedürfen.

Darüber hinaus erwartet der VC-Geber aber auch ein Mitspracherecht bezüglich operativer Geschäftsführungsmaßnahmen. In aller Regel wird es einen durchaus umfangreichen Katalog zustimmungspflichtiger Maßnahmen geben, der seinerseits nur mit Zustimmung des VC-Gebers geändert werden kann. Besondere Sicherheiten für das zur Verfügung gestellte Kapital erhält der VC-Geber nicht.

5.2.2 Private Equity

5.2.2.1 Definition & Grundstruktur

Private Equity ist Beteiligungskapital, das als Eigenkapital oder eigenkapitalähnliche Mittel von Private Equity-Gesellschaften nicht börsennotierten Unternehmen zur Verfügung gestellt wird. Die Kapitalvergabe erfolgt im Unterschied zu Venture Capital an bereits etablierte Unternehmen, die ihre Ertragskraft unter Beweis gestellt haben.

Sonderformen von Private Equity sind sog. Management Buy-Outs (MBO) bzw. Management Buy-Ins (MBI). Bei einer MBO-Transaktion erwirbt das bisherige Management gemeinsam mit dem Private Equity-Investor das Unternehmen. Bei einem MBI erwirbt das zukünftige Management gemeinsam mit dem Private Equity-Investor die Zielgesellschaft; die Erwerbergruppe will an die Stelle des bisherigen Managements treten. Da das Management nicht über die zur Finanzierung des Kaufpreises erforderlichen Mittel verfügt, wird es in der Regel durch Finanzinvestoren unterstützt. Das Kapital wird von speziellen Beteiligungsgesellschaften (Private Equity-Gesellschaften) bereitgestellt. Management und Private Equity-Gesellschaft kaufen also gemeinsam über eine extra für die Akquisition errichtete Erwerbsgesellschaft.

Wird die Management Buy-Out-Transaktion weitgehend fremdfinanziert, spricht man von einem Leveraged Buy-Out (LBO). Die Finanzierung mit Fremdkapital erfolgt u. a., um den sog. Leverage-Effekt auszunutzen. Der Leverage-Effekt (Hebelwirkung) beschreibt den funktionalen Zusammenhang zwischen Eigenkapitalrendite und Verschuldungsgrad: Die Rendite des Eigenkapitals nimmt bei steigender Verschuldung zu, solange die Gesamtkapitalrendite höher ist als der Fremdkapitalzins. Vor diesem Hintergrund bietet sich eine überwiegende Fremdkapitalfinanzierung insbesondere dann an, wenn der Zins für das Fremdkapital bis zur Rückführung der Verbindlichkeiten unter der Gesamtkapitalrendite der damit durchgeführten Investition liegt. So kann eine höhere Eigenkapitalrendite erzielt werden. Bei einer Leveraged Buy-Out-Transaktion gründen die Finanzinvestoren und das Management eine neue Gesellschaft (»NewCo«), die anschließend die Zielgesellschaft erwirbt. Die NewCo als Akquisitionsvehikel wird sowohl mit Eigen- als auch mit Fremdkapital finanziert, das von Kreditinstituten zur Verfügung gestellt wird.

***Abb. 8** Struktur einer Private Equity-Transaktion*

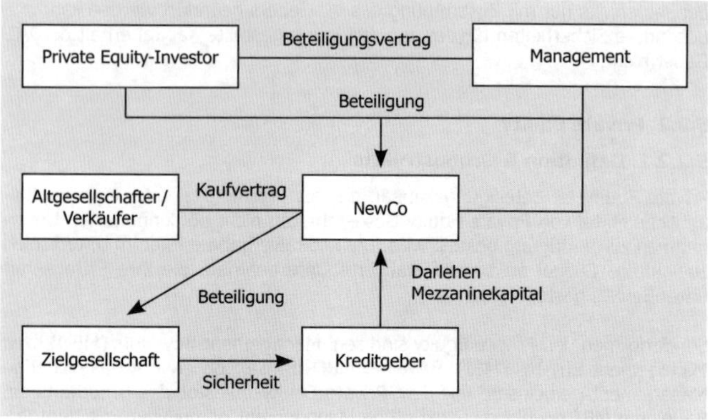

5.2.2.2 Rechtlicher Rahmen

Bei einem MBO oder MBI müssen neben dem Unternehmenskaufvertrag über den Erwerb der Anteile an der Zielgesellschaft durch NewCo noch folgende Verträge abgeschlossen werden:

- Beteiligungsvereinbarung zwischen dem Private Equity-Investor und dem Management, welche die Rechtsverhältnisse bei der NewCo regelt;
- Gesellschaftsvertrag der NewCo und ggf. neuer Gesellschaftsvertrag für die Zielgesellschaft;
- umfangreiche Kreditdokumentation für den Fremdkapitalanteil sowie für eine Mezzanine-Finanzierung einschließlich der Sicherheitenverträge.

Der Unternehmenskaufvertrag ist bei einem MBO oder einem MBI ähnlich strukturiert wie ein gewöhnlicher M&A-Deal (vgl. hierzu 2.2).

Im Beteiligungsvertrag finden sich entsprechende oder zumindest ähnliche Regelungen wie bei einer VC-Finanzierung (siehe hierzu 5.2.1.2).

5.2.2.3 Stolpersteine

Regelmäßig ergibt sich derselbe Diskussionsbedarf wie bei einer VC-Finanzierung. Die größten Hürden liegen allerdings im Unternehmenskaufvertrag zwischen den Verkäufern einerseits und dem durch den Private Equity-Investor bzw. durch das aufzunehmende Fremdkapital finanzierten Akquisitionsvehikel andererseits. Die Beteiligungsverträge (sog. Equity-Verträge) mit dem Management sind weitgehend standardisiert und lassen nur wenig Verhandlungsspielraum für die Manager. Der Private Equity-Investor als qualifizierter Mehrheitsgesellschafter des Akquisitionsvehikels gibt den Ton an.

In dem Unternehmenskaufvertrag werden die Gewährleistungen im Gegensatz zu einer VC-Finanzierung schon deshalb wichtiger, weil es sich bei den verkauften Unternehmen in der Regel um etablierte Unternehmen handelt, für die nicht selten ein durchaus erheblicher Kaufpreis an die Verkäufer fließt. Die Unternehmenshistorie ist gegenüber einer VC finanzierten Gesellschaft ungleich länger; deshalb ist die Due Diligence-Prüfung auch deutlich umfangreicher. Werden hier Probleme entdeckt, so hilft eine Gewährleistung des Verkäufers nicht unbedingt weiter. Vielmehr muss ein im Rahmen der Due Diligence identifiziertes Problem einer für beide Seiten sachgerechten Lösung zugeführt werden. Denkbar ist natürlich eine Freistellung z. B. von einem Steuerrisiko, für das dann im Ergebnis der Verkäufer einzustehen hätte. Sofern das Problem rechtlich behoben werden kann, sollten beide Parteien eine solche Heilung anstreben.

Beim Beteiligungsvertrag stellt sich wie bei der VC-Transaktion die Frage, unter welchen Voraussetzungen den am Akquisitionsvehikel beteiligten Managern im Falle ihres Ausscheidens die Anteile entzogen werden können (Good Leaver/Bad Leaver, vgl. hierzu auch 5.2.1.2). Nach dem aktuellen Stand der Rechtsprechung ist davon auszugehen, dass eine Verpflichtung, die Anteile gegen Zahlung des Einstandspreises an den Private Equity-Investor oder auch an die Gesellschaft zu übertragen, rechtlich zulässig ist, jedenfalls soweit der betreffende Manager während seiner Beteiligungen auch Dividenden erhalten hat. Hat er keine Dividenden erhalten, so sollte der ausscheidende Manager neben dem von ihm investierten Kapital (Einstandspreis) zumindest auch eine ordentliche Verzinsung erhalten. Gegenleistungen, die darunter liegen, könnten für unzulässig erachtet werden und damit zur Nichtigkeit der entsprechenden Regelungen für ausscheidende Manager führen.

5.2.2.4 Einflussrechte & Besicherung

Die Einflussrechte des Private Equity-Investors auf das gekaufte Unternehmen gehen weit über die eines VC-Gebers hinaus. Schließlich ist der Private Equity-Investor in der Regel Mehrheitsgesellschafter an dem Akquisitionsvehikel.

Bei der Besicherung der Kredite durch das Zielunternehmen, die das Akquisitionsvehikel zur Zahlung des Kaufpreises an die Verkäufer aufgenommen hat, sind allgemeine zivilrechtliche, gesellschaftsrechtliche und steuerrechtliche Regelungen zu beachten. Gesellschaftsrechtlich sind in erster Linie die für die Zielgesellschaft geltenden Kapitalerhaltungsvorschriften einzuhalten (Verbot der financial assistance).

<u>GmbH:</u>

§ 30 GmbHG verbietet grundsätzlich, d.h. außerhalb des Bestehens eines Beherrschungs- oder Gewinnabführungsvertrags, die Auszahlung des zur Stammkapitalerhaltung notwendigen Vermögens an die Gesellschafter. Auch die Bestellung von Sicherheiten durch die Zielgesellschaft für Verbindlichkeiten des Akquisitionsvehikels kann eine verbotene Auszahlung darstellen, sofern die Sicherheit nicht aus Rücklagen oder Gewinnvorträgen, sondern zu Lasten des gebundenen Stammkapitals der GmbH erfolgt, ohne dass diese durch einen vollwertigen Gegenleistungs- oder Rückgewähranspruch gegen den Gesellschafter gedeckt sind. Für die Beurteilung, inwieweit eine unzulässige Auszahlung durch die Sicherheitenbestellung vorliegt, kommt es nicht auf den Zeitpunkt der Verwertung, sondern auf den Zeitpunkt an, in dem die Sicherheit bestellt wird.

Ein Verstoß gegen § 30 GmbHG löst eine Innenhaftung des Gesellschafters gegenüber der GmbH aus. Konkret bedeutet dies, dass das Akquisitionsvehikel verpflichtet ist, die Zielgesellschaft vor Verwertung der Sicherheit von dieser Belastung freizustellen. Soweit die Zielgesellschaft aus der Sicherheit in Anspruch genommen wird, ist die Akquisitionsgesellschaft insoweit zum Ausgleich verpflichtet.

Die Gestaltung der LBO-Finanzierung sollte daher so erfolgen, dass Sicherheiten der Zielgesellschaft nur insoweit bestellt werden, als kein Verstoß gegen § 30 GmbHG vorliegt. Deshalb ist in den Sicherheitenverträgen eine Verwertungsbeschränkung aufzunehmen (sog. »Limitation Language«), wonach eine Inanspruchnahme des Sicherungsgebers, also der Zielgesellschaft, ausgeschlossen wird, soweit dies zur Entstehung oder Vertiefung einer Unterbilanz bei der Zielgesellschaft führen würde.

GmbH & Co. KG:

Auch bei der GmbH & Co. KG sind Kapitalerhaltungsvorschriften zu beachten: Sofern eine Auszahlung das zur Erhaltung des Stammkapitals der GmbH notwendige Vermögen angreift, liegt – vorbehaltlich der oben beschriebenen Ausnahmen – ein Verstoß gegen § 30 GmbH vor; dies gilt auch, wenn die Auszahlung aus dem KG-Vermögen erfolgt, sofern dadurch das Reinvermögen der GmbH unter die Stammkapitalziffer sinkt.

Bei einer Auszahlung des Kommanditkapitals an Kommanditisten lebt die persönliche Haftung des Kommanditisten wieder auf, so dass Gläubiger der Gesellschaft auf das Privatvermögen zurückgreifen können.

Aktiengesellschaft:

Für die Aktiengesellschaft enthält § 57 AktG grundsätzlich, d.h. außerhalb des Bestehens eines Beherrschungs- oder Gewinnabführungsvertrags, ein Verbot der Einlagenrückgewähr. Hierdurch wird das gesamte Vermögen der Aktiengesellschaft geschützt. Deswegen stellen alle Leistungen der AG an Aktionäre eine verbotene Einlagenrückgewähr dar, die nicht zu einer ordnungsgemäßen Gewinnausschüttung zählen, die kein Umsatzgeschäft sind oder die nicht der Durchführung einer Kapitalherabsetzung dienen. Die Bestellung von Sicherheiten (z. B. Bürgschaften) für Verbindlichkeiten eines Aktionärs gegenüber Dritten stellt regelmäßig kein Umsatzgeschäft dar und ist damit im Zweifelsfall unzulässig, es sei denn, sie ist durch einen vollwertigen Gegenleistungs- oder Rückgewähranspruch gegen den Aktionär gedeckt. Die Bestellung der Sicherheit für den Aktionär ist sonst nichtig.

Des Weiteren sind bei der AG auch die Gewährung eines Darlehens oder die Bestellung einer Sicherheit durch die AG nichtig, wenn der Dritte damit Aktien der AG erwerben möchte bzw. ein Aktienerwerb dadurch ermöglicht wird. Eine Ausnahme von diesem Grundsatz gilt auch hier für Fälle, in denen ein Beherrschungs- oder Gewinnabführungsvertrag besteht. Andernfalls liegt eine Kollision mit § 71a AktG vor, wenn die Zielgesellschaft der NewCo (Erwerbergesellschaft) ein Darlehen gewährt oder dieser für deren Kaufpreisverbindlichkeit gegenüber einem Kreditinstitut Sicherheiten bestellt. Ein solcher Verstoß gegen § 71a AktG führt zur Nichtigkeit der Sicherheitenbestellung; die Gesellschaft kann daher Rückgewähr bereits bestellter Sicherheiten fordern.

Kapitel 6

Fremdkapital

6.1 Kredite

6.1.1 Definition & Grundstruktur

Von Terminkrediten spricht man, wenn der Kreditgeber dem Unternehmen ein Darlehen gewährt, das ausschließlich für einen genau festgelegten Zweck verwendet werden darf, also z. B. zur Anschaffung von Investitionsgütern oder für die Akquisition eines anderen Unternehmens. Terminkredite haben feste Laufzeiten und sind entweder in regelmäßigen Raten oder in einem Betrag am Ende der Laufzeit zurückzuzahlen.

Der Betriebsmittelkredit dient der Finanzierung des Umlaufvermögens. In der Regel wird eine bestimmte Linie zur Finanzierung des Working Capitals eingeräumt, die immer wieder neu gezogen werden kann und die anders als beim Terminkredit häufig zeitlich unbefristet bzw. »bis auf weiteres« gewährt wird.

Bei einem Avalkredit wird dem Unternehmen kein Geldbetrag zur Nutzung überlassen, sondern die Bank verpflichtet sich, auf Verlangen des Unternehmens Dritten gegenüber Garantien oder Bürgschaften zu stellen.

Bei größeren Finanzierungen – insbesondere Akquisitionsfinanzierungen – tritt als Kreditgeber in der Regel ein Bankenkonsortium auf. Gleichwohl werden auch diese Kredite in vielen Fällen zunächst nur von einem oder einigen wenigen Kreditgebern ausgezahlt und erst nach der Auszahlung an andere Banken syndiziert. Bestimmte Entscheidungen werden bei syndizierten Krediten nur durch das Bankenkonsortium mit vorher festgelegter Mehrheit getroffen, z. B. die Kündigung des Kredits.

6.1.2 Rechtlicher Rahmen

Kreditverträge

Die Gewährung von höheren Krediten bringt oftmals eine aufwändige Vertragsdokumentation mit sich. Neben dem Kreditvertrag sind vor allem die Sicherheitenverträge zu nennen, aber unter Umständen auch Mezzanine-Kreditverträge im Zusammenhang mit Akquisitionsfinanzierungen (siehe hierzu 7.1).

Der Kreditvertrag ist – jedenfalls bei der Ausreichung größerer Beträge – in der Regel nach internationalen Maßstäben standardisiert (Musterdokumentation der Loan Market Association in London).

6.1 Kredite

Folgende Regelungsgegenstände sind z. B. enthalten:

- Verwendungszweck des Kredits und Auszahlungsvoraussetzungen;
- Voraussetzungen der Ziehung der Kredite;
- Zinsen, Zinsperioden sowie Vorschriften für den Fall des Zahlungsverzugs;
- Laufzeit, Tilgung;
- Marktstörung (falls eine Störung der Kapitalmärkte die Refinanzierungsmöglichkeiten der Bank behindert) und Konsequenzen daraus (alternative Refinanzierung, Kündigung durch den Kreditnehmer, Vorfälligkeitsentschädigung);
- Gewährleistungen des Unternehmens über rechtliche und wirtschaftliche Voraussetzungen sowie die Zusage bestimmter Verhaltenspflichten (Beachtung bestimmter Finanzkennzahlen);
- Kündigung, Kündigungsgründe und Rückzahlung.

Sicherheitenverträge

In den Sicherheitenverträgen werden die in den Darlehensverträgen aufgeführten Sicherheiten bestellt. Des Weiteren wird geregelt, unter welchen Voraussetzungen die Sicherheiten verwertet werden können. Zu denken ist an folgende Sicherheiten: Verpfändung von Geschäftsanteilen an Tochtergesellschaften, Sicherungsabtretung von Forderungen, Garantien der Muttergesellschaft, Grundpfandrechte, Sicherungsübereignungen des beweglichen Anlagevermögens etc.

6.1.3 Stolpersteine

Finanzierungssicherheit beim Betriebsmittelkredit

Bei der Betriebsmittellinie ist ein langfristiger Kredit empfehlenswert und nicht nur die in der Praxis häufig anzutreffende Gewährung »bis auf weiteres«. Diese führt nämlich dazu, dass die Linie jederzeit gekündigt und fällig gestellt werden kann. Auch wenn die kurzfristige Kündigung und die Fälligstellung in der Praxis häufig nicht vollzogen werden, so macht sich das Unternehmen durch einen »bis auf weiteres-Betriebsmittelkredit« angreifbar. Die Bank hat eine wesentlich bessere Verhandlungsposition in der ganzen Kreditbeziehung und könnte die kurzfristige Kündbarkeit der Betriebsmittellinie auch als Druckmittel bei der Verhandlung um andere Kreditverträge einsetzen.

Einhaltung der Kapitalerhaltungsvorschriften

Es ist den Geschäftsleitungsorganen eines kreditnehmenden Unternehmens dringend zu empfehlen, die Kapitalerhaltungsvorschriften (siehe dazu 5.2.2.4) einzuhalten. In der Praxis finden sich häufig Konstellationen, in denen Tochtergesellschaften unter Verstoß gegen die eigenen Kapitalerhaltungsvorschriften (z. B. § 30 GmbHG, § 57 AktG) Sicherheiten für ein an die Muttergesellschaft gewährtes Darlehen bestellen. In diesen Fällen droht eine Haftung der Geschäftsleitungsorgane der Tochtergesellschaft. Allgemein ist empfehlenswert, bei Sicherheitenbestellungen im Konzern für Mutter-, Tochter- oder Schwestergesellschaften genau zu prüfen, was rechtlich zulässig ist.

Das zum 1. November 2008 in Kraft getretene Gesetz zur Modernisierung des GmbH-Rechts und zur Bekämpfung von Missbräuchen (MoMiG) hat die Haftungssituation zumindest in den Fällen deutlich entschärft, in denen zwischen den Konzerngesellschaften ein Beherrschungs- oder Gewinnabführungsvertrag besteht oder anderweitig durch einen vollwertigen Gegenleistungs- oder Rückgewähranspruch sichergestellt ist, dass die Mittel wieder an die Gesellschaft zurück fließen werden.

Überkreuzkündigungen

Das Unternehmen muss Wert darauf legen, dass nicht aus jedem Verstoß gegen den Kreditvertrag sofort eine Kündigung durch die Bank folgen kann. Hier bieten sich Nachbesserungsperioden an, innerhalb derer das Unternehmen den Verstoß beheben kann. Besonders wichtig bei Kreditverträgen (siehe dazu auch bei Mezzanine unter 7.3) ist, dass das Unternehmen durch die Kündigung eines Kredits »nicht wie ein Kartenhaus zusammenbricht«. Aus Sicht des Unternehmens sollten – soweit möglich und durchsetzbar – Überkreuzkündigungen, wonach im Falle der Kündigung eines Kreditvertrages auch andere Kredite gekündigt werden können und deren Rückzahlung damit fällig wird, vermieden werden. Wenn dies nicht durchsetzbar ist, sollte zumindest darauf geachtet werden, dass ein Kreditvertrag nicht schon deshalb gekündigt werden kann, weil eine Verpflichtung aus einem anderen Finanzierungsvertrag fällig ist oder dort das Unternehmen in Verzug geraten ist.

Zusagen

Des Weiteren sollte das Unternehmen besonders sorgfältig mit der Zusage bestimmter Finanzkennzahlen für die Zukunft umgehen. Solche Zusagen sind üblich, das Unternehmen muss aber prüfen, inwieweit es Verhaltensauflagen für die Zukunft akzeptieren kann. Hier müssen in den Vertrag die individuellen Bedürfnisse des Unternehmens einfließen und sachgerechte Ausnahmen festgelegt werden.

Gewährleistungen

Ein weiterer »Knackpunkt« für das Unternehmen sind die in der Regel recht umfangreichen Gewährleistungen, insbesondere auch im Hinblick auf Tochtergesellschaften. Hier sollte ein vernünftiges, auf den Einzelfall des Unternehmens zugeschnittenes Maß gefunden werden.

6.1.4 Einflussrechte & Besicherung

Das Unternehmen wird in den Kreditverträgen umfassende Verhaltensauflagen zu akzeptieren haben. In der Regel verpflichtet sich das Unternehmen zur Einhaltung bestimmter Finanzkennzahlen und Bilanzrelationen sowie zu bestimmten Verhaltensweisen im Hinblick auf den zukünftig erwirtschafteten Cash Flow (sog. Covenants). Des Weiteren haben die Banken umfassende Informationsrechte hinsichtlich der wirtschaftlichen Entwicklung des Unternehmens und ggf. der Tochtergesellschaften. Dazu gehören auch Einsichtrechte in die Bücher des Unternehmens. Die Banken erwarten neben der Vorlage der Jahresabschlüsse auch Quartals- und Monatsberichte sowie den Business Plan für das jeweils nächste Geschäftsjahr sowie die Mittelfristplanung. Selbstverständlich ist auch, dass das Unternehmen verpflichtet ist, die Kredit gebende Bank unverzüglich zu informieren, falls finanzielle Schwierigkeiten auftreten oder die Sicherheitslage gefährdet ist, z. B. durch Kündigungen anderer Kreditgeber oder gar die Einleitung von Zwangsvollstreckungsmaßnahmen.

Die Möglichkeiten der Besicherung wurden bereits unter der Rubrik »Rechtlicher Rahmen« dargestellt.

6.2 Anleihen

6.2.1 Definition & Grundstruktur

Anleihen sind Schuldverschreibungen, durch welche der Schuldner den Geldgebern Rückzahlung und Verzinsung einer bestimmten Geldsumme zu im Voraus festgelegten Bedingungen verspricht. Regelmäßig werden Anleihen am Kapitalmarkt platziert. In den meisten Fällen wird eine Anleihe als Inhaberschuldverschreibung ausgegeben. Vorteilhaft daran ist die unproblematische Übertragbarkeit im Gegensatz zur Namensschuldverschreibung.

6.2.2 Rechtlicher Rahmen

Die Pflichten des Emittenten sind in den Anleihebedingungen niedergelegt. Darin werden zunächst die wirtschaftlichen Grundlagen festgesetzt, also Währung, Stückelung, Verzinsung sowie Zahlungs- und Rückzahlungsmodalitäten.

Werden die Anleihen öffentlich angeboten, also einer unbestimmten Anzahl von Investoren mit entsprechenden Informationen vom ausgebenden Unternehmen zur Verfügung gestellt, so bedarf es eines Prospekts (zum öffentlichen Angebot siehe unter 5.1.2 und 5.1.3). Je nach Stückelung der Anleihe richten sich die Anforderungen an den Inhalt des Prospekts. Bei einer Anleihe mit einer Mindeststückelung von 50.000,00 Euro sind die Anforderungen an den Inhalt des Prospektes geringer.

Anleihen werden regelmäßig durch eine Globalurkunde verbrieft; Einzelurkunden werden nicht ausgegeben.

Werden die Anleihen im Kapitalmarkt platziert, so geschieht das in der Regel über das unter 5.1.1 geschilderte zweistufige Verfahren.

6.2.3 Stolpersteine

Negativverpflichtung

Das Unternehmen als Anleiheschuldner verpflichtet sich in den Anleihebedingungen dazu, das eigene Vermögen nicht für andere finanzielle Verpflichtungen zur Besicherung einzusetzen. Hier kommt es für das Unternehmen entscheidend darauf an, diese Negativverpflichtung nicht bezüglich jedweder anderen finanziellen Verpflichtung einzugehen, sondern z. B. auf andere Kapitalmarktverpflichtungen zu beschränken. Anderenfalls wäre der Finanzierungsspielraum des Unternehmens durch die Anleihe zu weit eingeengt. Es ist darauf zu achten, dass von dieser Negativverpflichtung nur wesentliche Tochtergesellschaften erfasst und weitere Ausnahmen durchgesetzt werden, die dem Unternehmen größtmögliche Flexibilität bei der Finanzierung belassen.

Kündigungsgründe

Ein weiterer »Knackpunkt« in den Anleihebedingungen sind die Kündigungsgründe. Wie bei der Kreditdokumentation muss aus Unternehmenssicht verhindert werden, dass ein »Dominoeffekt« eintritt, wonach die Fälligkeit einer anderen Kreditverbindlichkeit dazu führt, dass auch die Anleihe fällig gestellt werden kann. Hier ist besonders sorgfältig das Interesse der Anleihegläubiger und deren Schutz mit dem Interesse des Unternehmens abzuwägen, nicht bei jeder Fälligkeit einer anderen Verbindlichkeit sofort mit der Kündigung der Anleihe bedroht zu werden. Auch diesbezüglich ist auf Heilungsmöglichkeiten des Unternehmens in den Anleihebedingungen zu achten.

Angemessen erscheint ebenso eine Regelung, wonach bei Vorliegen bestimmter Kündigungsgründe eine Kündigung nur eintritt, wenn eine bestimmte Anzahl von Anleihegläubigern die Schuldverschreibung kündigt.

6.2.4 Einflussrechte & Besicherung

Der Kapitalmarkt erwartet eine Patronatserklärung oder eine Garantie der Konzernmutter oder eines anderen verbundenen Unternehmens des Emittenten. Diese Garantie wird in einem gesonderten Vertrag zwischen Garantiegeber und Emissionsbank niedergelegt. Danach haftet der Garant auf erstes Anfordern durch den Anleihegläubiger für die Anleihe.

Sofern die Garantie durch eine Tochtergesellschaft abgegeben wird, sind die vertragsmäßigen Beschränkungen zu beachten, die aus den gesetzlich festgelegten Grundsätzen der Erhaltung des Stammkapitals herrühren. Die Garantie der Tochtergesellschaft muss insoweit auf ihr freies Nettovermögen beschränkt bleiben.

Grundpfandrechte kommen als Sicherheit, jedenfalls für internationale Anleihen, kaum vor.

Das die Anleihe ausgebende Unternehmen gibt regelmäßig recht umfangreiche finanzielle Zusicherungen. Diese Zusicherungen bezwecken, den Anleihegläubigern ein ausreichendes Maß an Sicherheit zu gewähren, dass das Unternehmensvermögen erhalten und nicht ausgehöhlt wird. Teilweise finden sich auch Regelungen, wonach das Unternehmen in der Mittelverwendung beschränkt wird. Solche Regelungen dienen dem Schutz vor Aushöhlung.

Bei der Ausgabe hochverzinslicher und risikobehafteter Anleihen trifft das Unternehmen eine permanente Informationspflicht auf Vorlage von Jahresabschlüssen, Quartalsberichten etc.

Kapitel 7

Mezzanine

7.1 Definition & Grundstruktur

In der Unternehmensfinanzierung steht der Begriff Mezzanine-Kapital für eine Finanzierungsform, die – je nach Ausgestaltung – eher Eigen- oder Fremdkapitalcharakter hat. Kennzeichnend für Mezzanine-Kapital ist seine Nachrangigkeit gegenüber dem vorrangigen Fremdkapital (senior debt) sowie (häufig) die wirtschaftliche Einordnung als Eigenkapital.

Abb. 9 *Mezzanine*

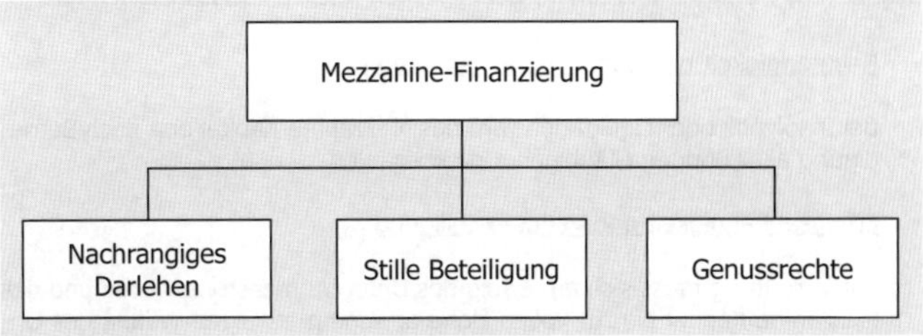

Häufig finden Mezzanine-Kredite in der Form des nachrangigen Darlehens mit Fremdkapitalcharakter bei Akquisitionsfinanzierungen Verwendung. Dort sind sie häufig Bestandteil des Finanzierungspakets und ergänzen die Eigenkapitalfinanzierung und die Fremdfinanzierung durch Terminkredite. Bei Akquisitionsfinanzierungen sind die Mezzanine-Kredite erst nach Rückzahlung der Terminkredite zurückzuzahlen. Deshalb ist ihre Laufzeit in der Regel um ein halbes Jahr länger als der Terminkredit. Häufig enthält der Mezzanine-Kreditvertrag ein Optionsrecht des Mezzanine-Gebers, unter bestimmten Voraussetzungen Anteile am Unternehmen erwerben zu können (»Equity Kicker«). Wegen ihres erhöhten Risikos, insbesondere aufgrund der nachrangigen Besicherung, sind Mezzanine-Kredite deutlich höher verzinst als die Senior-Kredite.

7.2 Rechtlicher Rahmen

Zur Stärkung der Eigenkapitalquote – insbesondere im Hinblick auf »Basel II« – ist es Ziel des Unternehmens, das überlassene Kapital als Eigenkapital zu bilanzieren oder zumindest eine Qualifizierung als wirtschaftliches Eigenkapital zu erreichen, was sich positiv auf das Rating auswirkt. Bei Erfüllung der nachfolgenden Voraussetzungen kann u. U. auch eine schuldrechtlich begründete Kapitalüberlassung als handelsbilanzielles Eigenkapital ausgewiesen werden. Nach IFRS ist ein mezzanines Finanzinstrument nur dann als Eigenkapital zu bilanzieren, wenn der Mezzanine-Geber keinen Rückzahlungsanspruch hat.

- Nachrangigkeit und damit Haftungsfunktion

  Bei Insolvenz oder Liquidation wird das Mezzanine-Kapital erst nach Befriedigung aller übrigen Gläubiger zurückbezahlt.

- Erfolgsabhängigkeit und Verlustbeteiligung

  Die Vergütung muss sich am Erfolg des Unternehmens orientieren und das Mezzanine-Kapital bis zur vollen Höhe an einem etwaigen Verlust des Unternehmens teilnehmen.

- Längerfristigkeit

  Das Mezzanine-Kapital wird längerfristig – regelmäßig zwischen fünf und zehn Jahren – überlassen. Während der vereinbarten Laufzeit ist die Kündigung sowohl für den Emittenten als auch den Anleger vertraglich ausgeschlossen.

Die folgenden typischen Regelungsbereiche finden sich in Mezzanine-Verträgen:

- Einzahlung des Mezzanine-Kapitals und Bedingungen dafür;
- Zusage bestimmter finanzieller Kennzahlen (sog. Financial Covenants);
- Erwerb von Anteilen an der Zielgesellschaft durch Ausgabe von Bezugsrechten (sog. Equity Kicker);
- Laufzeit der Mezzanine-Finanzierung / Tilgung;
- Vergütung des Mezzanine-Gebers (Erfolgsabhängigkeit / fester Zinssatz mit garantierter Zahlung, Beteiligung an den stillen Reserven);

7.3 Stolpersteine

- Verlustbeteiligung;
- Informations- und Kontrollrechte;
- Kündigung, Kündigungsgründe und Rückzahlung nach Kündigung;
- Gewährleistungen des Mezzanine-Schuldners.

Neben der häufig kontrovers diskutierten Frage, welche Mitsprache- und Informationsrechte den Mezzanine-Gebern zustehen sollen (siehe dazu 7.4. unter »Einflussrechte und Besicherung«), spielt eine zentrale Rolle bei den Verhandlungen des Mezzanine-Vertrages, unter welchen Voraussetzungen der Mezzanine-Geber den Vertrag kündigen und die ausgereichten Mezzanine-Beträge zurückfordern kann. Aus Sicht des Unternehmens kann nicht immer gleich die Kündigung folgen, wenn irgendeine untergeordnete Verpflichtung aus dem Mezzanine-Vertrag (z. B. rechtzeitige Erfüllung des Berichtswesens) nicht eingehalten wird. Das Unternehmen wird Wert darauf legen, im Falle eines Verstoßes die Verpflichtung noch innerhalb eines bestimmten Zeitraums erfüllen zu dürfen, bevor eine Kündigung droht. Besonders gefährlich für das Unternehmen sind Klauseln, wonach der Verstoß gegen einen anderen Kreditvertrag oder die Kündigung desselben auch zur Kündigung des Mezzanine-Vertrages führt (sog. Cross Default). Dies kann unter Umständen zu einem existenzbedrohenden »Dominoeffekt« führen, d. h., dass durch diese Überkreuzverweise plötzlich mehrere Kredite fällig gestellt werden. Dies muss durch eine sachgerechte Vertragsgestaltung vermieden werden.

Bei einer Aktiengesellschaft bestehen für die Ausgabe von Mezzanine-Kapital noch zusätzliche Erschwernisse. Beispielsweise muss eine stille Beteiligung mit ¾-Mehrheit von der Hauptversammlung beschlossen und als so genannter Teilgewinnabführungsvertrag in das Handelsregister eingetragen werden. Auch die Ausgabe von Genussrechten bedarf eines Hauptversammlungsbeschlusses mit ¾-Mehrheit; darüber hinaus steht den Aktionären ein Bezugsrecht zu. Die Aktiengesellschaft kann also nicht ohne Weiteres Mezzanine-Kapital von Dritten einwerben.

7.4 Einflussrechte & Besicherung

In der Regel erhält der Mezzanine-Geber weitgehende Informationsrechte. So darf er beispielsweise häufig an Gesellschafterversammlungen teilnehmen, erhält die Jahresabschlüsse sowie Quartals- und Monatsberichte sowie Finanzpläne. Darüber hinaus erwartet der Mezzanine-Geber regelmäßig eine Bestätigung der Geschäftsleitung, dass die im Einzelnen im Mezzanine-Vertrag enthaltenen Finanzkennzahlen zu den jeweiligen Stichtagen (Quartal, Jahresende) eingehalten worden sind. Die Informationsrechte des Mezzanine-Gebers intensivieren sich noch, sofern bei dem Unternehmen eine Bonitätsverschlechterung entsteht oder ein Zahlungsrückstand festzustellen ist. So können sich in solchen Fällen die Berichtsintervalle verkürzen und der Mezzanine-Geber hat unter Umständen das Recht, einen Dritten mit der Wahrnehmung seiner Interessen zu beauftragen.

Für Mezzanine-Kredite werden häufig dieselben Sicherheiten wie für vorrangige Kredite gewährt. Es folgt insoweit eine nachrangige Bestellung, wonach die Mezzanine-Kreditgeber bei der Verwertung von Sicherheiten erst nach den vorrangigen Kreditgebern befriedigt werden dürfen.

Die Sicherheiten des Mezzanine-Gebers sind somit immer nachrangig im Verhältnis zu den gesicherten Ansprüchen der Senior-Kreditbanken. In vielen Fällen erhält der Mezzanine-Geber überhaupt keine Sicherheiten, woraus sich der Eigenkapitalcharakter des Mezzanine-Kapitals ergibt.

Kapitel 8

Gesellschafterfinanzierung

8.1 Eigenkapital

8.1.1 Finanzierungsfreiheit

Bei der Gründung einer Gesellschaft können die Gesellschafter jenseits der Vorschriften zur Erbringung und Erhaltung des Stamm- bzw. Grundkapitals weitgehend frei entscheiden, ob und in welchem Umfang sie die Gesellschaft mit Eigenkapital bzw. Fremdkapital ausstatten. Auch bei später entstehendem Finanzbedarf haben die Gesellschafter grundsätzlich die Wahl. Sie können eine Kapitalerhöhung durchführen oder den Kapitalbedarf durch Gewährung eines Darlehens decken. Es besteht insoweit Finanzierungsfreiheit.

8.1.2 Kapitalerhöhung

Als Maßnahme zur Kapitalbeschaffung kommt eine Kapitalerhöhung in Betracht. Man unterscheidet zwischen der Kapitalerhöhung gegen Einlagen, bei der der Gesellschaft effektiv neue Eigenmittel zugeführt werden, und der Kapitalerhöhung aus Gesellschaftsmitteln. Die Kapitalerhöhung aus Gesellschaftsmitteln stellt keine Maßnahme zur Kapitalbeschaffung dar. Es handelt sich lediglich um eine bilanztechnische Maßnahme: freie Rücklagen werden in gebundenes Kapital umgewandelt.

Die Kapitalerhöhung gegen Einlagen kann gegen Sach- und Bareinlagen durchgeführt werden. Bei der Kapitalerhöhung gegen Sacheinlagen sind besondere Regelungen zu beachten, um die Kapitalaufbringung sicherzustellen.

Eine Kapitalerhöhung bedarf eines Gesellschafterbeschlusses mit Dreiviertelmehrheit, bei der KG grundsätzlich einer einstimmigen Änderung des Gesellschaftsvertrages.

Bei den Kapitalgesellschaften ist zur Ausführung der Kapitalerhöhung die Zeichnung der Aktien bzw. die Übernahme der Geschäftsanteile der GmbH erforderlich. Die bisherigen Gesellschafter haben ein ihrer Beteiligungsquote entsprechendes gesetzliches Bezugsrecht. Ihr Beteiligungsverhältnis soll ohne ihre Zustimmung nicht verändert werden. Das Bezugsrecht kann allerdings ganz oder zum Teil ausgeschlossen werden. Da der Bezugsrechtsausschluss ein einschneidender Eingriff in die mitgliedschaftliche Stellung der Gesellschafter ist, darf er nur erfolgen, wenn er im Gesellschaftsinteresse liegt.

Nach der Übernahme bzw. der Zeichnung der neuen Gesellschaftsanteile ist hierauf die Einlage zu leisten.

Die erfolgte Erhöhung des Kapitals ist von dem Vorstand bzw. der Geschäftsführung zum Handelsregister anzumelden; hierbei ist zu erklären, dass die Mindesteinlage erbracht wurde. Erst mit der Eintragung ins Handelsregister werden die Kapitalerhöhung und die damit verbundene Satzungsänderung wirksam.

8.2.1 Gesellschafterdarlehen bei fehlender Kreditwürdigkeit

Verbreitetes Mittel zur Deckung des Kapitalbedarfs der Gesellschaft sind Darlehen der Gesellschafter. Bei diesen Darlehen handelt es sich rechtlich im Grundsatz ebenso um Fremdkapital wie bei Darlehen, die von Dritten gewährt werden. Sowohl gesellschaftsrechtlich als auch steuerrechtlich werden solche Darlehensverträge zwischen der Gesellschaft und ihren Gesellschaftern prinzipiell anerkannt.

Aufgrund der Gesellschafterstellung bestehen aber bei Gesellschafterdarlehen einige Besonderheiten.

Rückzahlungsansprüche von Krediten, die Gesellschafter gewähren, sind in der Insolvenz der Gesellschaft nur nachrangig zu berücksichtigen, wenn den Gesellschafter eine Finanzierungsverantwortung trifft. Letzteres ist bei einem an der Geschäftsführung der Gesellschaft beteiligten Gesellschafter stets und bei übrigen Gesellschaftern dann der Fall, wenn deren Beteiligung jeweils 10% des haftenden Kapitals übersteigt.

8.3 Steuerrechtliche Behandlung des Gesellschafterdarlehens

8.3.1 Grundsatz

Zinsen, die auf gewährtes Fremdkapital gezahlt werden, mindern als Betriebsausgaben den Gewinn der Gesellschaft und damit den Betrag, der der Besteuerung zu unterwerfen ist. Vergütungen für Eigenkapital sind dagegen nicht abzugsfähig und reduzieren nicht den Gewinn.

8.3.2 Voraussetzungen des § 8a KstG

Nach § 8a KStG i.V.m. § 4h EStG können Vergütungen für Fremdkapital nur unter Beachtung der sog. Zinsschranke steuerlich geltend gemacht werden. Hiernach sind Zinsen steuerlich nur in Höhe von 30 % des EBITDA (Ergebnis vor Zinsen, Steuern und Abschreibungen) berücksichtigungsfähig. Darüber hinaus gehende Zinsaufwendungen können nicht steuerlich abgezogen, sondern nur vorgetragen werden. Dies gilt auch für Gesellschafterdarlehen. Von der Vorschrift erfasst sind nur Vergütungen für Fremdkapital, grundsätzlich jedoch nicht Vergütungen für sonstige Nutzungsüberlassungen, also keine Miet-, Pacht- und Leasingvergütungen und Lizenzgebühren.

Ausnahmsweise findet die Zinsschranke u.a. keine Anwendung, wenn

- der Nettozinsaufwand der Gesellschaft im Bemessungszeitraum insgesamt weniger als 3 Mio. € beträgt oder
- es sich nicht um eine Konzerngesellschaft handelt und
- der das Darlehen reichende Gesellschafter über keine wesentliche Beteiligung an der Gesellschaft verfügt.

Die Rechtsform des Gesellschafters ist ohne Bedeutung. Eine wesentliche Beteiligung ist eine Beteiligung von mehr als 25 %. Sie liegt auch vor, wenn der Gesellschafter – GmbH oder AG – zusammen mit anderen Gesellschaftern, die demselben Konzern angehören, mehr als 25 % der Anteile hält. Die Beteiligungen innerhalb des Konzerns werden also zusammengerechnet.

Kapitel 9

Sonstige Finanzierungsformen

9.1 Leasing

9.1.1 Definition & Grundstruktur

Leasing ist eine Finanzierungsform, bei der der Leasinggegenstand – mobile oder standortgebundene Wirtschaftsgüter – dem Unternehmer als Leasingnehmer vom Leasinggeber gegen Entgelt für einen bestimmten Zeitraum zur Nutzung überlassen wird.

9.1.2 Rechtlicher Rahmen

In der Regel werden Leasing-Verträge in Form des sog. Finance-Leasings abgeschlossen.

Finance-Leasing-Verträge sind vor allem durch eine feste Grundmietzeit gekennzeichnet. Während der Grundmietzeit ist eine Kündigung durch den Leasingnehmer ausgeschlossen. Die Grundmietzeit entspricht maximal der betriebsgewöhnlichen Nutzungsdauer, ist allerdings meist kürzer, zugleich aber aus steuerlichen Gründen zumeist länger als die Hälfte der in den AfA-Tabellen angegebenen betriebsgewöhnlichen Nutzungsdauer.

Durch die Leasingraten amortisiert sich der Leasinggegenstand während der Grundmietzeit.

Beim Finance-Leasing trägt der Leasinggeber nur das Kreditrisiko. Die Gefahr der Überalterung aufgrund technischen Fortschritts oder der Einschränkung der Verwendungsmöglichkeit ist dem Leasingnehmer zugewiesen. Außerdem hat der Leasingnehmer die Aufwendungen für Versicherung, Wartung und Reparaturen zu übernehmen. Auch das Risiko des Untergangs des geleasten Gegenstands wird vom Leasingnehmer getragen, da er die Leasingraten auch in diesem Fall weiter zu zahlen hat.

Wegen der vertraglichen Risikoverteilung eignet sich das Finanzierungsleasing auch für Verträge über Wirtschaftsgüter, die nach den speziellen Wünschen des Leasingnehmers gestaltet werden (sog. Spezial-Leasing); hier tritt häufig der Hersteller direkt als Leasinggeber auf.

Aus bilanzpolitischen Gründen soll der Leasinggegenstand dem Leasinggeber zugeordnet werden: Der Leasingvertrag soll für den Leasingnehmer bilanzneutral sein.

Auch aus steuerlichen Gründen – zur Erzielung von ertrag- und gewerbesteuerlichen Vorteilen – ist die bilanzielle Zuordnung beim Leasinggeber das Ziel.

9.1 Leasing

Die Bilanzierung richtet sich sowohl steuer- als auch handelsrechtlich nicht nach dem juristischen Eigentum an dem Leasingobjekt – juristischer Eigentümer bleibt der Leasinggeber –, sondern nach dem wirtschaftlichen Eigentum. Wirtschaftlicher Eigentümer ist, wer den betreffenden Vermögensgegenstand wie seinen eigenen nutzen darf und für den Verlust selbst haftet. Dies ist in der Regel derjenige, bei dem Besitz, Gefahr, Nutzen und Lasten der Sache liegen.

Eine Bilanzierung beim Leasinggeber setzt demnach voraus, dass dieser nicht nur juristischer sondern auch wirtschaftlicher Eigentümer des Gegenstandes bleibt. Der Leasinggegenstand ist dann bei ihm zu aktivieren und über die betriebsgewöhnliche Nutzungsdauer abzuschreiben. Der Leasingnehmer kann die gezahlten Leasingraten sofort aufwandswirksam verrechnen.

Infolge der besonderen Vertragsgestaltung ist die Bilanzierung von Finanzierungsleasingverträgen nicht einheitlich zu beantworten. Die Anforderungen an die Ausgestaltung des Leasingvertrags werden durch mehrere Leasing-Erlasse des Bundesministeriums für Finanzen konkretisiert: Der Leasinggegenstand wird danach dem Leasinggeber dann zugerechnet, wenn die Grundmietzeit zwischen 40 - 90 % der Nutzungsdauer beträgt und wenn der Vertrag

- nicht mit einem Optionsrecht ausgestattet ist oder
- bei vereinbarter Kaufoption einen Kaufpreis vorsieht, der größer oder gleich dem Restbuchwert ist oder
- eine Mietverlängerungsoption vorsieht und die Anschlussmiete höher ist als die lineare Abschreibungsrate des Listenpreises.

Leasingverträge werden in der Regel »erlasskonform« ausgestaltet.

9.1.3 Stolpersteine

Rechtliche Risiken entstehen für den Leasingnehmer insbesondere aus dem Dreiecksverhältnis zwischen Leasinggeber, Leasingnehmer und Lieferant. Regelmäßig sucht ein Unternehmer (der spätere Leasingnehmer) zunächst das Investitionsobjekt aus und schließt mit dem Lieferanten hierüber einen Kaufvertrag ab. Im darauf folgenden Schritt wird der Unternehmer an einen Leasinggeber herantreten, den Leasingvertrag unterzeichnen und den Leasinggeber zugleich beauftragen, in den bereits mit dem Lieferanten abgeschlossenen

Kaufvertrag einzutreten. Allerdings wird der Lieferant zumeist darauf bestehen, dass der zwischen ihm und dem Leasingnehmer ausgehandelte Kaufvertrag auch dann gültig bleibt, wenn die vom Leasingnehmer beabsichtigte Leasingfinanzierung ausbleibt oder der Vertragseintritt des Leasinggebers in den Kaufvertrag scheitert. Darüber hinaus ist es in der Leasingbranche nicht unüblich, dass der Leasinggeber seinen Eintritt in den Kaufvertrag durch Ausübung eines entsprechend vereinbarten Rücktrittsrechts rückgängig macht, wenn der Leasingnehmer das Leasingobjekt nicht abnimmt oder der Lieferant seiner Lieferverpflichtung nicht ordnungsgemäß nachkommt. In beiden Fällen droht für den Leasingnehmer die Gefahr, gegenüber dem Lieferanten aus dem Kaufvertrag weiterhin verpflichtet zu bleiben. Um dieses Risiko zu vermeiden, sollte der Leasingnehmer darauf drängen, dass der Kaufvertrag unter dem Vorbehalt des späteren Eintritts des Leasinggebers steht.

Verwendet der Leasinggeber für den Leasingvertrag allgemeine Geschäftsbedingungen, muss der Leasingnehmer im besonderen Maße darauf achten, nicht durch unangemessene Vertragsklauseln benachteiligt zu werden. Zulässig sind allerdings Klauseln, mit denen der Leasinggeber

- die Preis- und Sachgefahr auf den Leasingnehmer abwälzt, so dass letzterer seinen vertraglichen Verpflichtungen unabhängig von einer möglichen Funktionsbeeinträchtigung oder dem zufälligen Untergang, dem Verlust oder dem Diebstahl des Leasingobjekts nachkommen muss;

- den Leasingnehmer verpflichtet, für eine regelmäßige Wartung des Leasingobjekts zu sorgen und Instandhaltungskosten zu übernehmen;

- den Leasingnehmer verpflichtet, das Leasingobjekt gegen alle relevanten Gefahren angemessen zu versichern und die Ansprüche aus den Versicherungen an den Leasinggeber abzutreten.

9.1.4 Einflussrechte & Besicherung

Leasingverträge sind in aller Regel nicht besichert, weil dem Leasingnehmer am Leasingobjekt nur ein Nutzungsrecht eingeräumt wird und der Leasinggeber zivilrechtlich gesehen Eigentümer bleibt. Kommt der Leasingnehmer in Zahlungsverzug, hat der Leasinggeber das Recht, den Leasingvertrag vorzeitig zu kündigen und vom Leasingnehmer das Leasingobjekt herauszuverlangen.

9.2 Factoring

9.2.1 Definition & Grundstruktur

Das Factoring ist eine Form der Unternehmensfinanzierung, bei der ein Unternehmer (Factoring-Kunde) Forderungen gegen seine Abnehmer an den Factor abtritt und den Gegenwert der abgetretenen Forderung unter Abzug von Gebühren sofort gutgeschrieben bekommt. Das Unternehmen erhält so unmittelbar verfügbares Kapital. Die Finanzierungsform trägt damit einem erhöhten Bedarf an Liquidität Rechnung; der Vorteil des Factoring liegt also darin, dass der Zahlungseingang vorgezogen wird. Diesen Liquiditätsvorteil muss sich das Unternehmen allerdings durch (zum Teil hohe) Factoringgebühren erkaufen.

Häufig übt der Factor auch Dienstleistungsfunktionen aus: Er übernimmt als Service meist die Debitorenbuchhaltung, das Mahnwesen, den Inkassodienst und teilweise auch die Beratung.

9.2.2 Rechtlicher Rahmen

Je nach Ausgestaltung wird auch das Delkredererisiko – also das Risiko der Zahlungsunfähigkeit und -willigkeit des Debitors – von dem Unternehmen auf den Factor übertragen. Man unterscheidet hiernach zwischen echtem und unechtem Factoring.

Beim echten Factoring übernimmt der Factor das Ausfallrisiko. Der Verkäufer hat durch das echte Factoring die Möglichkeit, seinen Kunden ein Zahlungsziel zu gewähren, ohne dass die Kreditgewährung seine Liquidität beeinträchtigt und ohne dass er selbst das Kreditrisiko trägt. Der Factor kauft jedoch grundsätzlich nicht jede Forderung an, sondern prüft die Drittschuldner auf Bonität und beschränkt sich bei negativem Ergebnis auf das reine Inkasso des Rechnungsbetrages.

Beim unechten Factoring trägt der Unternehmer weiter das Risiko, dass sein Kunde nicht zahlt; der Factor greift bei Nichtzahlung also auf den Unternehmer zurück. Der Factor gewährt mit der Gutschrift des Forderungsgegenwerts dem Unternehmer einen Kredit und lässt sich die Forderung gegen den Kunden zur Sicherung des Kredits abtreten.

Das Factoring kann offen oder still erfolgen. Beim offenen Factoring enthalten die Rechnungen des Vertragspartners einen Hinweis auf die Abtretung der Forderung und die Aufforderung, direkt an den Factor zu zahlen. Bei stillem Factoring leisten die Kunden weiter an den Factoring-Kunden; dieser leitet dann die

Zahlungen an den Factor weiter. Echtes Factoring wird in der Regel in der Form des offenen Verfahrens ausgeführt.

Die Bilanzierung ist abhängig von der Art des Factorings. Die personelle Zurechnung der Forderung zum Factoring-Kunden bzw. zum Factor richtet sich – ebenso wie beim Leasing – nach einer wirtschaftlichen Betrachtungsweise:

Beim echten Factoring scheiden die verkauften Forderungen mit Wirksamkeit der Abtretung aus dem Vermögen des Factoring-Kunden aus und gehen auf den Factor über. Die verkauften Forderungen sind nicht mehr beim Factoring-Kunden sondern beim Factor zu bilanzieren. Beim Forderungsverkäufer ergibt sich demnach – wie bei Asset-Backed-Transaktionen – eine Bilanzverkürzung.

Beim unechten Factoring handelt es sich nach herrschender Meinung aufgrund wirtschaftlicher Betrachtungsweise um ein durch Forderungsabtretung gesichertes Darlehen des Factors. Dies führt zu einer Bilanzierung der abgetretenen Forderung weiterhin beim Factoring-Kunden. Gleichzeitig wird eine Verbindlichkeit gegenüber dem Factor ausgewiesen.

9.2.3 Stolpersteine

Bei dem Zusammentreffen des unechten Factorings mit einem verlängerten Eigentumsvorbehalt ist die Vorausabtretung im Rahmen des Factoringvertrages unwirksam (sog. Vertragsbruchtheorie). Die Vorausabtretung ist von Bedeutung, um dem Sicherungsinteresse des Warenlieferanten gerecht zu werden, da der Unternehmer seinem Lieferanten bei der Bestellung von Waren von der Vorausabtretung von Forderungen an einen Factor regelmäßig nichts mitteilen wird. Die Wirksamkeit der Vorausabtretung würde Warenlieferanten unangemessen benachteiligen.

9.2.4 Einflussrechte & Besicherung

Üblicherweise legen die Parteien des Factoringvertrags für jeden oder für bestimmte Gruppen von Forderungsschuldnern Ankauflimits fest. Dadurch kann der Forderungsverkäufer abschätzen, in welcher Höhe er Liquidität erzielt. Andererseits wird dadurch das Risiko des Factors begrenzt. Regelmäßig wird sich der Factor vertraglich ausbedingen, das Limit zu erhöhen oder zu reduzieren, wenn sich die Bonität des oder der Forderungsschuldner(s), der Lieferumfang etc. ändern.

9.3 Asset-Backed-Finanzierung

9.3.1 Definition & Grundstruktur

Bei einer Asset Backed-Transaktion verkauft ein Unternehmen oder eine Bank (Verkäufer/Originator) ein Forderungsportfolio an eine Finanzierungsgesellschaft (special purpose vehicle, kurz SPV), welche sich regelmäßig durch die Ausgabe von Wertpapieren (commercial papers) oder durch eine günstige Kreditfinanzierung refinanziert.

Die Grundstruktur einer Asset Backed-Transaktion ist im folgenden Schaubild wiedergegeben.

Abb. 10 *Asset Backed-Transaktion*

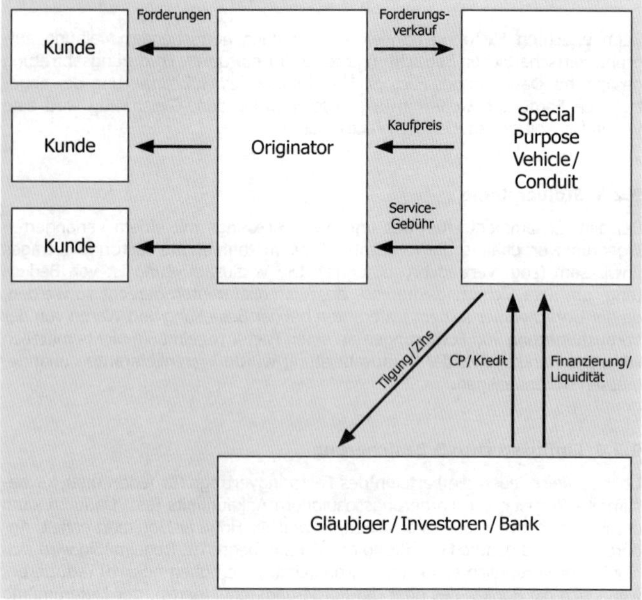

9.3 Asset-Backed-Finanzierung

Vom Factoring unterscheidet sich eine Asset Backed-Finanzierung dadurch, dass regelmäßig ein Forderungsportfolio oder revolvierend (also immer wieder neu) ein definiertes Volumen von Einzelforderungen erworben wird, bei dem weder die Prüfung der einzelnen Forderungen noch der Forderungsschuldner im Mittelpunkt steht, sondern das Forderungsportfolio insgesamt bewertet wird. Des Weiteren erfolgt die Abtretung der Forderungen bei einer Asset Backed-Finanzierung in der Regel still, also ohne Informationen der Forderungsschuldner.

9.3.2 Rechtlicher Rahmen

Für die Verwirklichung der mit einer Asset Backed-Finanzierung verfolgten Ziele ist entscheidend, dass es sich um einen echten Forderungsverkauf handelt und rechtlich nicht nur um ein Darlehen. Die Forderungen müssen also ohne Regressmöglichkeit auf das SPV übertragen werden. Der Anspruch auf den Kaufpreis für die Forderungen muss unwiderruflich beim Originator bleiben und Bonitäts- und Ausfallrisiko muss vom Originator auf das SPV übergegangen sein. Hierfür ist eine Gesamtbetrachtung des Vertrages entscheidend. Als Faustformel lässt sich festhalten, dass ein echter Forderungsverkauf (True Sale) immer dann vorliegt, wenn der Forderungsverkäufer den Gegenwert der verkauften Forderungen endgültig und unumkehrbar gegen vollständige Übertragung des mit den Forderungen verbundenen Ausfallrisikos erhält.

Wenn es sich um einen echten Forderungsverkauf handelt, so hat dies die folgenden Effekte:

Soweit das Unternehmen mit den gewonnenen liquiden Mitteln Fremdkapital zurückzahlt, führt dieses zur Bilanzentlastung und darüber hinaus zur Verbesserung der Eigenkapitalquote. Durch die Tilgung von Verbindlichkeiten kann es auch zu einer Gewerbesteuerentlastung kommen (Hinzurechnen von Zinsen auf Dauerschulden entfällt).

Der Forderungskaufvertrag enthält u. a. folgende Regelungsgegenstände:

- Regressloser Forderungsverkauf (endgültiger Übergang der Bonitätsrisiken auf das SPV);
- Revolvierender Forderungsankauf oder nur Ankauf eines einmaligen Portfolios;
- Gesamtvolumen der Transaktion und Kaufpreis;

- Auswahlkriterien (regelmäßig muss es sich nach Laufzeit und Cash Flow um homogene Forderungen handeln, die sowohl nach geografischen Gesichtspunkten als auch bezüglich der Debitoren breit diversifiziert sind und bei denen die Lieferung oder Leistung bereits erbracht ist);

- Gewährleistungen des Originators (nur Rechtsgewährleistungen: Bestand der Forderungen, Einrede- und Einwendefreiheit der Forderungen, Aufrechnungsausschluss, Einhaltung der Auswahlkriterien);

- Stille Abtretung des Forderungsportfolios;

- Offenlegung der Abtretung nur im Krisenfall;

- Berichtswesen (Forderungsreporting);

- Forderungsverwaltung und Inkasso einschließlich der Bestellung einer Ersatzinkassostelle für den Krisenfall;

- Regelungen zur vorzeitigen Vertragsbeendigung.

9.3.3 Stolpersteine

Für die sowohl in zivil- als auch in insolvenz- und bilanzrechtlicher Hinsicht entscheidende Frage, ob ein echter True Sale vorliegt, ist eine Gesamtwürdigung des Vertrages entscheidend. Wird die Transaktion als Darlehen und nicht als echter Forderungsverkauf eingestuft, so treten die gewünschten Effekte in bilanzieller und steuerlicher Hinsicht nicht ein. Im Gegenteil: Durch die Qualifizierung als Darlehen kommt es zu einer Bilanzverlängerung und die Gewerbesteuer erhöht sich durch die dann erfolgende Hinzurechnung der Zinsen für die als Dauerschuld qualifizierte Transaktion. Die Bezeichnung als echter Forderungskauf im Vertrag nutzt wenig. Ein Verstoß gegen die True Sale-Doktrin kann in allen Teilen der Vertragsdokumentation versteckt sein (insbesondere in Kaufpreis-, Gewährleistungs- und Sicherungsklauseln). Der Übertrag des Bonitäts- und Ausfallrisikos vom Originator auf das SPV darf nicht nur auf dem Papier stehen. Dabei ist insbesondere darauf zu achten, dass der Abschlag vom Kaufpreis für Ausfallrisiken die erwartete Ausfallwahrscheinlichkeit nicht übersteigen darf. Das Bonitätsrisiko für jede einzelne Forderung muss uneingeschränkt auf das SPV übergehen. Nicht bonitätsbedingte Kaufpreisminderungen sind grundsätzlich unschädlich (z. B. Boni, Skonti oder Minderung des Kaufpreises wegen

Sachmängeln). Wichtig ist auch, dass die Gewährleistungen angemessen sind und sich vor allem nicht auf Einzelforderungen beziehen. Trotz aller inzwischen bei Forderungskaufverträgen im Rahmen von ABS-Transaktionen eingetretenen Standardisierung ist beim Entwerfen und Verhandeln dieser Verträge ein Höchstmaß an Sorgfalt und professioneller Beratung notwendig.

9.3.4 Einflussrechte & Besicherung

Die ABS-Transaktion ist durch bestimmte Formen von Sicherheitengestellungen (Credit Enhancement) gekennzeichnet, die jeweils im Einzelfall sehr sorgfältig festzulegen sind, damit der Charakter der True Sale-Transaktion gewahrt bleibt. Als Grundsatz ist zunächst vorauszuschicken, dass forderungspoolbezogene Sicherungsmaßnahmen des Originators einem True Sale nicht entgegenstehen. So sind beispielsweise Zahlungen des Originators in einen Reservefonds zur Absicherung eines Forderungsausfalls bei einem True Sale unbedenklich, sofern der nicht benötigte Teil des Reservefonds nach Abschluss der Transaktion an den Originator zurückbezahlt wird. Gewährleistungen können sich auf das Gesamtportfolio, dürfen sich aber nicht auf Einzelforderungen beziehen. Die Vereinbarung von Forderungsaustausch- oder Forderungsrückkaufsrechten ist nicht unproblematisch. Allerdings gilt es als unschädlich, wenn bei Transaktionsende der Originator Forderungen unterhalb von 10 % des Restportfolios vom Marktwert zurückerwerben muss. Üblich ist des Weiteren, dass das dem SPV übertragene Forderungsvolumen den Nominalwert der Forderungen übersteigt, der Originator aber für diesen Teil der übertragenen Forderung (noch) nicht den entsprechenden Kaufpreis erhält. Der Kaufpreis für diese »zuviel übertragenen« Forderungen wird vielmehr gestundet und nach erfolgreichem Abschluss der Transaktion ausbezahlt bzw. die Forderungen werden zurückübertragen.

Externe Sicherheiten von Dritten wie Versicherungen oder Ausfallgarantien, die sich auf das Gesamtportfolio beziehen, sind üblich und dürfen im Hinblick auf den True Sale-Charakter ebenfalls als unbedenklich angesehen werden.

Besondere Einflussrechte auf das operative Geschäft des Originators erhält das SPV nicht. Unerlässlich ist lediglich ein präzises und kontinuierliches Reporting an das SPV.

Anhang

Checkliste für eine Legal Due Diligence

Im Folgenden werden die für die rechtliche Überprüfung der Gesellschaft genannten Unterlagen und Angaben in Form einer Checkliste zusammengestellt. Die Checkliste erhebt keinen Anspruch auf Vollständigkeit, sondern ist nur ein Beispiel aus der Praxis des Unternehmenskaufs. Soweit innerhalb der Liste von Vereinbarungen die Rede ist, sind darunter sowohl schriftliche als auch mündliche Vereinbarungen zu verstehen. Sofern die Gesellschaft über Tochtergesellschaften verfügt, sind die folgenden Unterlagen und Angaben auch auf diese Gesellschaften zu beziehen.

Gesellschaftsverfassung und Beteiligungen

✓ Aktueller Handelsregisterauszug und alle noch nicht eingetragenen Anmeldungen zum Handelsregister;

✓ Aktueller Gesellschaftsvertrag bzw. aktuelle Satzung;

✓ Geschäftsordnung für die Geschäftsleitung; Laufzeit der Bestellung des Leitungsorgans;

✓ Angaben über die Einführung eines Aufsichtsrats, Beirats oder Verwaltungsgremiums;

✓ Liste der Mitglieder des Aufsichtsrats, Beirats oder Verwaltungsgremiums unter Angabe der Laufzeit der Bestellung und der gewährten Vergütung; Geschäftsordnung des Aufsichtsgremiums;

✓ Gründungsdokumentation der Gesellschaft;

✓ Urkunden über die seit Gründung der Gesellschaft gefassten Beschlüsse, die den Gesellschaftsvertrag bzw. die Satzung ändern; bei Kapitalmaßnahmen sind die entsprechenden Übernahmeerklärungen beizufügen sowie der Nachweis über den Betrag, die Form, den Zeitpunkt und die Art der Einlageleistung zu erbringen; im Fall von Sacheinlagen sind der Einbringungsvertrag, der Sachgründungsbericht sowie die beim Handelsregister eingereichten Nachweise über die Werthaltigkeit der Sacheinlage vorzulegen;

✓ Protokolle der Gesellschafterversammlungen;

✓ Protokolle über Sitzungen der Geschäftsleitung und die Sitzungen des Aufsichtsgremiums;

✓ Verträge zwischen der Gesellschaft mit Personen der Geschäftsleitung oder Aufsichtsorganen;

Checkliste für eine Legal Due Diligence

- ✓ Beherrschungs-, Gewinnabführungsverträge und andere Unternehmensverträge;
- ✓ Verträge über stille Beteiligungen und die Gewährung von Genussrechten;
- ✓ Übersicht über die Struktur der Gruppe sowie Organisationsübersicht der Gesellschaft; Liste der unmittelbaren und mittelbaren Tochtergesellschaften sowie Beteiligungen unter Angabe des Nominalbetrags der Beteiligung und der Beteiligungsquote;
- ✓ Übersicht über die derzeitige Gesellschafterstruktur unter Angabe von treuhänderischen Beteiligungen, Unterbeteiligungen und Stimmbindungsverträgen;
- ✓ Bei GmbH's: Geschlossene Kette der notariellen Urkunden über die Abtretungen von Gesellschaftsanteilen vom Zeitpunkt des Erwerbs durch den jetzigen Gesellschafter bis zurück zu dem Zeitpunkt, in dem ein gutgläubiger Erwerb nach § 16 Abs. 3 GmbHG möglich gewesen wäre, andernfalls bis zurück zum Zeitpunkt der Gesellschaftsgründung;
- ✓ Informationen über den Rückkauf bzw. die Einziehung von Anteilen an der Gesellschaft;
- ✓ Vereinbarungen über etwaige Belastungen (Pfandrechte, Sicherungsrechte etc.) der Anteile der Gesellschaften;
- ✓ Verzeichnis aller Gesellschafterdarlehen bzw. Darlehen der Gesellschafter an verbundene Unternehmen unter Angabe des Zinssatzes, des Betrags und des Zeitpunkts der Leistung und der Rückzahlung sowie der Bestellung von Sicherheiten;
- ✓ Verzeichnis aller Vereinbarungen über die Bestellung von Sicherheiten durch Gesellschafter bzw. deren verbundene Unternehmen für Verbindlichkeiten der Gesellschaft gegenüber Dritten;
- ✓ Verzeichnis aller Vereinbarungen über die Bestellung von Sicherheiten durch die Gesellschaft für Verbindlichkeiten der Gesellschafter bzw. deren verbundene Unternehmen gegenüber Dritten;
- ✓ Mitarbeiterbeteiligungsprogramme oder Gewährung von Bezugsrechten;
- ✓ Gesellschaftervereinbarungen, Besonderheiten der Eigentümerstruktur, die sich nicht aus dem Gesellschaftsvertrag oder der Satzung ergeben;
- ✓ Anträge auf Eröffnung von Insolvenzverfahren über das Vermögen der Gesellschaft sowie Angaben zu deren Ergebnis;

Checkliste für eine Legal Due Diligence

Verbindlichkeiten der Gesellschaft

- ✓ Verzeichnis aller Kredite sowie der diesbezüglichen Sicherheiten;
- ✓ Verzeichnis aller sonstigen kurz-, mittel- und langfristigen Verbindlichkeiten aufgeteilt nach Schuldner, Gläubiger, Betrag, Zinssatz und Fälligkeitsdatum;
- ✓ Vereinbarungen und Schriftverkehr mit den jeweiligen Kreditgebern während der letzten drei Geschäftsjahre zur Vorfälligstellung oder vorzeitigen Rückzahlung von Darlehen;
- ✓ Sämtliche Mitteilungen betreffend Vertragsverletzungen und sonstiger wesentlicher Schriftverkehr im Zusammenhang mit einem der vorstehenden Kreditverträge oder einem diesbezüglichen Sicherungsvertrag;
- ✓ Aufstellung aller eingetretenen Ereignisse, die für sich genommen oder zusammen mit einer entsprechenden Mitteilung oder mit Zeitablauf eine Vertragsverletzung oder einen Kündigungsgrund unter einem der vorstehend genannten Kreditverträge darstellen würden;
- ✓ Angaben über die Finanzierung im Konzern;

Angaben zum Geschäftsbetrieb und zum Grundbesitz

- ✓ Liste aller Betriebsstätten der Gesellschaft einschließlich aller Zweigstellen mit genauer Adresse;
- ✓ Grundbuch-, Teileigentumsgrundbuch- bzw. Erbbaurechtsgrundbuchauszüge für Betriebsstätten, die im Eigentum der Gesellschaft stehen bzw. auf Grund eines Erbaurechts genutzt werden;
- ✓ Verträge über den Erwerb oder die Veräußerung von Grundstücken oder grundstücksgleichen Rechten;
- ✓ Baugenehmigungen für die auf den Betriebsstätten befindlichen Anlagen;
- ✓ Nachweis der für die Betriebsstätten geltenden bauplanungsrechtlichen Situation, insbesondere Vorlage von Bebauungs- und Flächennutzungsplänen;
- ✓ Vorlage der Miet-, Pacht- oder Leasingverträge über Betriebsstätten, die sich nicht im Eigentum der Gesellschaft befinden;
- ✓ Angaben zur früheren Nutzung der Grundstücke, auf denen sich die Betriebsstätten befinden; Angaben über existente Altlasten oder den Verdacht von Altlasten;

Checkliste für eine Legal Due Diligence

- ✓ Liste sämtlicher Anlagen, geordnet nach Anlagen im Eigentum der Gesellschaft, an denen Sicherheiten bestellt sind (einschließlich Eigentumsvorbehalt bei noch nicht erfüllten Kaufpreisforderungen) sowie solcher Anlagen, die nur gemietet, gepachtet, geleast oder sonst zur Nutzung überlassen sind; Vorlage der Miet-, Pacht- oder Leasingverträge über Gegenstände des Betriebsvermögens;

Verträge, Vereinbarungen und Ereignisse aus dem Geschäftsbetrieb

- ✓ Aufstellung der Forderungen der Gesellschaft gegenüber einem anderen Mitglied der Gruppe;
- ✓ Vereinbarungen über strategische Allianzen, Joint Ventures, Kooperationen;
- ✓ Verträge über den Erwerb / Verkauf von Betrieben und / oder Betriebsteilen während der letzten drei Jahre sowie Unterlagen (LOI) über bevorstehende Veräußerungen / Erwerb wesentlicher Betriebsteile der Gesellschaft oder ihrer Tochtergesellschaften;
- ✓ Betriebspacht- und Überlassungsverträge;
- ✓ Liste aller sonstigen Miet- und Leasingverträge, unter Angabe der jeweiligen Laufzeit (Beginn und Ende) und der jährlichen Zahllast;
- ✓ Sicherungsrechte und Vereinbarungen der Gesellschaften, durch die Dritten Sicherungseigentum, Sicherungszessionen, Pfandrechte oder ähnliche Sicherungsrechte eingeräumt werden;
- ✓ Verträge, die Mitteilungspflichten oder Genehmigungserfordernisse im Zusammenhang mit einem öffentlichen Angebot von Aktien der Gesellschaft enthalten;
- ✓ Kopien der Verträge mit den 20 wichtigsten Kunden, zusammen mit einer detaillierten Beschreibung von Bezugsvolumen, Preisen und geplanten Preisänderungen, Verkürzungs- oder Beendigungsbestimmungen und Konditionen in den letzten zwei Jahren;
- ✓ Angaben über die Gewährung von nicht geschäftsüblichen Nachlässen und Einräumung von nicht handelsüblichen Konditionen;
- ✓ Verträge mit den zehn wichtigsten Lieferanten und Verträge mit Lieferanten, Kunden und Serviceunternehmen mit einer Kündigungsfrist von mehr als drei Monaten;

Checkliste für eine Legal Due Diligence

- ✓ Allgemeine Verkaufs- und Lieferbedingungen, Allgemeine Einkaufsbedingungen;
- ✓ Erklärungen der Kunden oder Lieferanten innerhalb der letzten zwölf Monate, die Geschäftsbeziehung zu beenden;
- ✓ Erkenntnisse der Gesellschaft über Umstände, dass der Kunde oder Lieferant die Beziehung mit der Gesellschaft demnächst beendet;
- ✓ Informationen über Kundenbeschwerden der letzten drei Jahre;
- ✓ Informationen über aktuelle und mögliche Produkthaftungsansprüche;
- ✓ Informationen über Beanstandungen der Gesellschaft gegenüber Lieferanten;
- ✓ Darstellung der Konzerninnenumsätze mit den dazugehörigen Lieferkonditionen;
- ✓ Factoringverträge;
- ✓ Verträge mit Wettbewerbsbeschränkungen der Gesellschaften oder eines Vertragspartners einer der Gesellschaften;
- ✓ Patronatserklärungen, Bürgschaften, Garantieverpflichtungen und Sicherheitsleistungen, die die Gesellschaft eingegangen ist;
- ✓ Alle Verträge zwischen der Gesellschaft bzw. ihren Tochtergesellschaften einerseits und (direkt oder indirekt) Aktionären oder Mitgliedern von Vorstand, Geschäftsführung, Aufsichtsrat und/oder Beirat einer der Gesellschaften andererseits (z. B. Darlehensverträge zwischen der Gesellschaft und Aktionären);
- ✓ Verträge, Absichtserklärungen oder Pläne betreffend Fusionen, Verschmelzungen, Umstrukturierung, Erwerb oder Verkauf wesentlicher Vermögenswerte einer der Gesellschaften der Gruppe;
- ✓ Liste aller Termin- und Börsengeschäfte;
- ✓ Alle Verträge, die über den normalen Geschäftsbetrieb hinaus eingegangen wurden und vorstehend noch nicht genannt wurden sowie alle sonstigen wichtigen Verträge;

Checkliste für eine Legal Due Diligence

Geistiges Eigentum, Gewerbliche Schutzrechte

- ✓ Liste aller der Gesellschaft erteilten Patente oder Gebrauchsmuster bzw. – soweit von der Gesellschaft genutzt – aller den Gesellschaftern erteilten Patenten oder Gebrauchsmustern bzw. vorgenommenen Patent- oder Gebrauchsmusteranmeldungen; für jedes Patent oder Gebrauchsmuster sind Erfinder, Inhaber und Zeitpunkt der Erteilung anzugeben, bei Arbeitnehmererfindungen darüber hinaus Nachweise über die Inanspruchnahme und die Vergütungsabrede;
- ✓ Vorlage der Unterlagen über den Erwerb und die Übertragung des Patents oder Gebrauchsmusters sowie Nachweis der Eintragung der Übertragung im zuständigen Register, sofern Gesellschaft Patent oder Gebrauchsmuster von Dritten erworben hat;
- ✓ Liste der Widerspruchs- bzw. Nichtigkeitsverfahren hinsichtlich der erteilten bzw. angemeldeten Patente oder Gebrauchsmuster;
- ✓ Lizenzverträge über Patente bzw. Gebrauchsmuster der Gesellschaft, die von Dritten genutzt werden; Lizenzverträge über Patente bzw. Gebrauchsmuster Dritter, die von der Gesellschaft genutzt werden;
- ✓ Erläuterung zu anhängigen Verletzungsverfahren in Bezug auf eigene oder fremde Patente bzw. Gebrauchsmuster;
- ✓ Erläuterung zur Patent- oder Gebrauchsmusterpflege (Entrichtung der Jahresgebühr, Fälligkeitsüberwachung etc.);
- ✓ Liste der für die Gesellschaft eingetragenen oder angemeldeten Marken unter Angabe des Zeitpunkts der Eintragung bzw. Anmeldung und des Warenverzeichnisses;
- ✓ Vorlage der Unterlagen über den Erwerb und die Übertragung der Marke sowie Nachweis der Eintragung der Übertragung im zuständigen Register, sofern Gesellschaft Marke von Dritten erworben hat;
- ✓ Aufstellung der Angriffe gegen die Rechtsbeständigkeit der Marken (z. B. Widerspruch, Löschungsanträge etc.);
- ✓ Lizenzverträge über Marken der Gesellschaft, die von Dritten genutzt werden;
- ✓ Lizenzverträge über Marken Dritter, die von der Gesellschaft genutzt werden;
- ✓ Erläuterung zu anhängigen Verletzungsverfahren (aktiv wie passiv);

- ✓ Erläuterung zur Markenpflege (Zahlung der Verlängerungsgebühr, Verlängerungszeitpunkte etc.);
- ✓ Aufstellung der in der Gesellschaft weiter verwendeten Kennzeichen und Namen, die nicht eingetragen sind;
- ✓ Informationen über in der Gesellschaft genutzte Geschmacksmuster, Topographien, Sortenschutzrechte oder Urheberrechte unter jeweiliger Angabe des Rechtsinhabers und etwaiger Nutzungsverträge; Informationen über das in der Gesellschaft genutzte Know-how unter Angabe des Know-how-Inhabers und etwaiger Nutzungsverträge;

EDV / Internet

- ✓ Verträge über Erwerb, Nutzung, Pflege, Updating, Lizenzierung etc. von Software, die für den Geschäftsbetrieb der Gesellschaft wesentlich sind; Angaben darüber, ob die Softwareprogramme Rechte Dritter verletzen, oder ob Dritte eine derartige Verletzung behauptet haben oder werden;
- ✓ Erläuterung der Frage, inwieweit die Software in der Gesellschaft selbst oder durch Dritte entwickelt wird und inwieweit die Gesellschaft EDV-Leistungen Dritter in Anspruch nimmt;
- ✓ Erläuterung der Frage, ob die Gesellschaft über eine vollständige aktuelle Programmdokumentation, insbesondere über den aktuellen und vollständigen Quellcode verfügt;
- ✓ Aufstellung der bestehenden Sicherungsmaßnahmen zum Schutz von Viren (z. B. Firewalls oder spezielle Software) und der Sicherungsmaßnahmen zur Verhinderung des unberechtigten Zugriffs Dritter auf Datenträger der Gesellschaft;
- ✓ Unterlagen / Verträge über die Registrierung / Verwaltung der Internet-Domains der Gesellschaft;

Checkliste für eine Legal Due Diligence

Personal

- ✓ Liste aller Arbeitnehmer unter Angabe des Namens, des Alters, des Eintrittsjahres, der Funktion und des Bruttogehaltes im letzten abgeschlossenen Kalenderjahr;
- ✓ Vorstandsdienstverträge und Geschäftsführerverträge;
- ✓ Arbeitsverträge, die einen bestimmten (höheren) Euro-Betrag überschreiten oder deren Kündigungsfrist mehr als sechs Monate beträgt;
- ✓ Vereinbarungen mit Arbeitnehmern, die bestimmte Rechtsfolgen an die Übernahme der Gesellschaft durch einen neuen Gesellschafter knüpfen;
- ✓ Verwendete Musterarbeitsverträge;
- ✓ Darstellung gewährter Sozialleistungen mit Angabe der begünstigten Arbeitnehmer;
- ✓ Liste von Gratifikationen und Gewinnbeteiligungen gegenüber dem Management und den Arbeitnehmern, z. B. Mitarbeiteroptionsprogrammen;
- ✓ Pensionszusagen unter Darstellung der einschlägigen Pensionspläne und deren Sicherstellung; Angabe über bereits unverfallbare Anwartschaften; Beifügung versicherungsmathematischer Gutachten;
- ✓ Darstellung der anwendbaren Tarifverträge;
- ✓ Geltende Betriebsvereinbarungen;
- ✓ Darstellung etwaiger praktizierter betrieblicher Übung;
- ✓ Aufstellung der Mitglieder des Betriebsrats, der Jugendvertretung oder anderer Arbeiternehmervertretungsorgane;
- ✓ Erläuterung etwaiger Arbeitskampfmaßnahmen der letzten fünf Jahre;
- ✓ Beraterverträge, die eine durchschnittliche Monatsvergütung von einem bestimmten (höheren) Euro-Betrag überschreiten oder deren Kündigungsfrist mehr als drei Monate beträgt;

Checkliste für eine Legal Due Diligence

Gewerbe- und umweltschutzrechtliche Angelegenheiten

- ✓ Beschreibung des Geschäftsbetriebs der Gesellschaft;
- ✓ Gewerbeanmeldung bzw. Gewerbeerlaubnis sowie weitere für die Durchführung des Geschäftsbetriebs erforderliche Genehmigungen einschließlich Anlagengenehmigungen;
- ✓ Letzter Überprüfungsbericht der Gewerbeaufsicht;
- ✓ Aufstellung aller im Geschäftsbetrieb jemals verwendeten umweltgefährdenden Stoffe; Erläuterungen zur Menge, Lagerungsort, Schutzvorkehrungen dieser Stoffe;
- ✓ Informationen zu früheren, gegenwärtigen und drohenden Belastungen der Umwelt (Verschmutzung von Erdreich, Wasser, Luft; Lärm etc.) durch den Geschäftsbetrieb der Gesellschaft; Aufstellung aller durch Behörden oder die Gesellschaft festgestellten Umweltschädigungen und Angaben zu deren Beseitigung;
- ✓ Liste aller während der letzten fünf Jahre ergangenen umweltschutzrechtlichen Verfügungen oder Beanstandungen von Behörden oder Dritten sowie Nachweise über deren Erledigung;
- ✓ Angaben zu den Verantwortlichen im Unternehmen für Umweltfragen sowie dazu, welches Mitglied der Geschäftsleitung die Pflichten des Betreibers der genehmigungsbedürftigen Anlagen wahrnimmt;
- ✓ Namenslisten aller bereits ernannten Umwelt-, Immissionsschutz-, Gewässerschutz-, Abfall-, Brandschutz-, Strahlen- und Störfallbeauftragten;
- ✓ Überblick über die Frischwasserversorgung und Abwasserentsorgung;
- ✓ Erläuterung zur Handhabung der Abfallentsorgung; Erläuterung der Frage, auf welche Weise die Gesellschaft die Vorgaben des Gesetzes über das Inverkehrbringen, die Rücknahme und die umweltverträgliche Entsorgung von Elektro- und Elektronikgeräten erfüllt;

Checkliste für eine Legal Due Diligence

Versicherungen

- ✓ Liste aller von der Gesellschaft abgeschlossenen Versicherungen mit Angaben über Versicherungsträger, abgedeckte Risikoart, Deckungssumme, Beendigung und Prämien;
- ✓ Aufstellung der nicht durch Versicherungen abgedeckten Risiken;
- ✓ Liste der Anträge auf Abschluss von Versicherungen, die in den letzten fünf Jahren zurückgewiesen worden sind;
- ✓ Aufstellung der in den letzten fünf Jahren geltend gemachten Versicherungsansprüche;

Prozesse und Rechtsstreitigkeiten

- ✓ Liste aller laufenden oder drohenden Prozesse (zivilrechtliche und verwaltungsrechtliche Verfahren) und Schiedsverfahren, jeweils aktiv und passiv, sowie aller behördlichen Untersuchungen und Verfahren gegen die Gesellschaften, jeweils inklusive kurzer Darstellung des Sachverhaltes und ihrer wirtschaftlichen Bedeutung;
- ✓ Aufstellung aller Straf- und Ordnungswidrigkeitenverfahren (gegen das Unternehmen, Organe oder Arbeitnehmer, sofern Verbindung mit dem Geschäftsbetrieb besteht);
- ✓ Liste aller Prozesse, Schiedsverfahren und Verwaltungsverfahren, die in den letzten fünf Jahren erledigt wurden oder angedroht wurden und noch unerledigt sind;

Zuschüsse und öffentliche Förderungen

- ✓ Informationen über alle beantragten oder erhaltenen öffentlichen Förderungen und Zuschüsse gleich welcher Art;
- ✓ Hinweise auf mögliche Rückzahlungsverpflichtungen.

Struktur der AG

Abb. 11 *Struktur der AG*

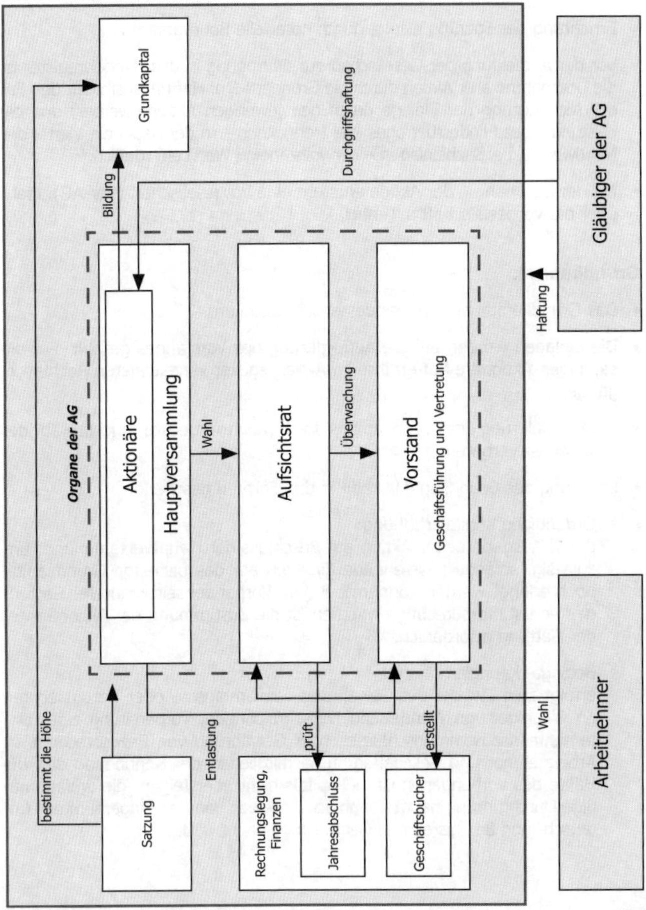

Struktur der AG

Besonderheiten bei der Gründung:

- Errichtung der Satzung erfolgt durch notarielle Beurkundung.
- Vor der Anmeldung der Gesellschaft zur Eintragung in das Handelsregister ist die Übernahme aller Aktien durch die Gründer (d. h. Haftungsrisiko für den Fall der Nichtleistung der Einlage durch den jeweiligen Aktienerwerber) und die Leistung eines Mindestbetrages (bei Nennaktien – in der Regel ein Viertel des Nennwertes, bei Sacheinlagen – der vollständige Wert) erforderlich.
- Mit der Übernahme der Aktien entsteht eine Vorgesellschaft (Vor-AG). Mehr über die Vorgesellschaft s. GmbH.

Grundkapital:

- Das Grundkapital beträgt mindestens 50.000 Euro.
- Die Einlagen werden auf die Aufforderung des Vorstandes gezahlt. Für die säumigen Aktionäre haften ihre im Aktienregister verzeichneten Rechtsvorgänger.
- Die Schmälerung des Grundkapitals durch (auch verdeckte) Rückgewähr der Einlagen ist verboten.
- Erhöhung des Grundkapitals kann in drei Formen geschehen:
    - Ordentliche Kapitalerhöhung:
      durch Ausgabe neuer Aktien auf Beschluss der Hauptversammlung; unzulässig, solange ausstehende Einlagen auf das bisherige Grundkapital noch erlangt werden können; bei dem Vorhandensein mehrerer Gattungen von stimmberechtigten Aktien ist die Zustimmung der Aktionäre jeder Gattung erforderlich.
    - Bedingte Kapitalerhöhung:
      erfolgt zum Zwecke der Gewährung von Umtausch- oder Bezugsrechten an Gläubiger von Wandelschuldverschreibungen, Vorbereitung eines Unternehmenszusammenschlusses oder Gewährung von Bezugsrechten an Arbeitnehmer und Geschäftsführungsmitglieder; der Nennbetrag darf die Hälfte des vorhandenen Grundkapitals nicht übersteigen; die umfangmäßige Durchführung hängt davon ab, inwieweit von den eingeräumten Umtausch- und Bezugsrechten Gebrauch gemacht wird.

- Genehmigtes Kapital:
  Erhöhung durch satzungsmäßige, auf fünf Jahre beschränkte Ermächtigung des Vorstands um nicht mehr als die Hälfte des zum Zeitpunkt der Ermächtigung vorhandenen Grundkapitals.

Haftung:

- Für die Verbindlichkeiten der AG haftet sie selbst mit ihrem gesamten Vermögen.
- Unter Umständen ist die Haftung der Gesellschafter unter dem Gesichtspunkt der Durchgriffshaftung möglich. Mehr zur Durchgriffshaftung s. GmbH.

Organe:

Der Vorstand

- Die Vorstandsmitglieder werden auf höchstens fünf Jahre durch den Aufsichtsrat bestellt. Der Widerruf der Bestellung bedarf eines wichtigen Grundes.
- Die Mindestzahl des Vorstands beträgt eine Person, bzw. zwei Personen für Aktiengesellschaften mit einem Grundkapital von mehr als 3 Mio. Euro. Satzungsmäßige Abweichungen von diesen Vorgaben sind zulässig.
- Neben dem gesellschaftsrechtlichen Bestellungsverhältnis besteht ein Anstellungsverhältnis zwischen der Gesellschaft und dem Vorstand, das dienstvertraglicher Natur ist.
- Aufgaben des Vorstandes: Geschäftsführung der Gesellschaft und Vertretung der Gesellschaft; die Vertretungsmacht des Vorstandes ist grundsätzlich unbeschränkt und unbeschränkbar, anders hingegen die Geschäftsführungsbefugnis im Verhältnis zur AG, die durch Satzung, Entscheidungen des Aufsichtsrats und der Hauptversammlung beschränkt werden kann.

- Der Vorstand leitet die Gesellschaft unter eigener Verantwortung, er ist insbesondere an Weisungen der Hauptversammlung nicht gebunden.
- Der Vorstand darf nur aus wichtigem Grund abberufen werden.

Aufsichtsrat

- Die Zahl der Aufsichtsratsmitglieder muss durch drei teilbar sein. Die Höchstzahl der Aufsichtsratsmitglieder hängt von der Höhe des Grundkapitals ab. Maßgebliche Schwellenwerte sind dabei 1,5 Mio. Euro und 10 Mio. Euro.
- Ein Vorstandsmitglied darf nicht Aufsichtsratsmitglied sein. Ein Aufsichtsratsmitglied darf hingegen unter besonders strengen Voraussetzungen zum Stellvertreter eines Vorstandsmitgliedes bestellt werden. Bei börsennotierten Aktiengesellschaften ist grundsätzlich eine »Cooling-off«-Phase von zwei Jahren notwenig, bevor ein ehemaliges Vorstandsmitglied in den Aufsichtsrat derselben Gesellschaft wechseln kann.
- Vertreten sind im Aufsichtsrat unter bestimmten Voraussetzungen nicht nur Aktionäre, sondern auch Arbeitnehmer. Das gilt für Aktiengesellschaften mit in der Regel mehr als 2.000 Arbeitnehmern (paritätische Zusammensetzung des Aufsichtsrates aus Arbeitnehmer- und Anteilseignervertretern; die absolute Zahl der Aufsichtsratsmitglieder hängt von der Zahl der Arbeitnehmer ab) und für Aktiengesellschaften, die in der Regel mehr als 500 und nicht mehr als 2.000 Arbeitnehmer beschäftigen (ein Drittel der Aufsichtsratsmitglieder). Vertreter der Arbeitnehmer müssen zumeist selbst Arbeitnehmer des Unternehmens sein, bei großen Gesellschaften ausnahmsweise auch Gewerkschaftsvertreter.
- Die Amtszeit darf nicht über die Beendigung der Hauptversammlung hinausgehen, die über die Entlastung für das vierte Geschäftsjahr nach Beginn der Amtszeit beschließt. Das Geschäftsjahr, in dem die Amtszeit beginnt, wird dabei nicht berücksichtigt.
- Die Bestellung der Aufsichtsratsmitglieder erfolgt grundsätzlich durch Wahl in der Hauptversammlung oder durch die Belegschaft (Arbeitnehmervertreter). Bei Unterschreiten der gesetz- oder satzungsmäßigen, sowie der für die Beschlussfähigkeit des Aufsichtsrates notwendigen Mitgliederzahl kann die Berufung durch das Gericht erfolgen, wobei etwaige Besonderheiten für den Fall der Arbeitnehmermitbestimmung zu beachten sind.

- Die Abberufung eines Aufsichtsratsmitglieds erfolgt durch einen mit einer ¾-Mehrheit zu fassenden Hauptversammlungsbeschluss oder auf Antrag des Aufsichtsrates durch das Gericht bei Vorliegen eines wichtigen Grundes in der Person des jeweiligen Mitgliedes.
- Aufgaben des Aufsichtsrates:
  - Überwachung und Beratung der Geschäftsführung;
  - Bestellung und Abberufung der Vorstandsmitglieder;
  - Vertretung der Gesellschaft gegenüber den Vorstandsmitgliedern;
  - Prüfung und Feststellung des Jahresabschlusses.
- Die Aufsichtsratsmitglieder sind zur Verschwiegenheit verpflichtet. Die Verletzung dieser Verpflichtung ist strafbar.

Hauptversammlung

- Die Hauptversammlung wird durch den Vorstand und in Ausnahmefällen durch den Aufsichtsrat einberufen. Die Einberufung setzt die Einhaltung einer Reihe von Verfahrensvorschriften voraus.
- Entscheidungskompetenz der Hauptversammlung umfasst unter anderem folgende Fragen:
  - Wahl der Aufsichtsratsmitglieder;
  - Entlastung der Vorstands- und Aufsichtsratsmitglieder;
  - Verwendung des Bilanzgewinns;
  - Satzungsänderung (mit einer ¾-Mehrheit);
  - Kapitalerhöhung/-herabsetzung;
  - Zustimmung zu den Verträgen, durch die die Gesellschaft zur Übertragung des ganzen Gesellschaftsvermögens verpflichtet wird. Verträge, die der Vorstand ohne Zustimmung der Hauptversammlung abschließt, sind solange unwirksam, bis die Hauptversammlung sie genehmigt;
  - Auflösung der AG;
  - Verschmelzung, Umwandlung, Zustimmung zu Unternehmensverträgen;

  - die Rechtsprechung bejaht außerdem ungeschriebene Zustimmungsvorbehalte für die Maßnahmen, die nachhaltig den Wert der Beteiligungan der Gesellschaft schmälern oder die Stellung der Gesellschafter durch die Mediatisierung der Kontrolle über die Gesellschaft beeinträchtigen (z. B. Übertragung des Großteils der Aktiva auf die Tochtergesellschaft, Veräußerung von Unternehmensteilen und Beteiligungen).
- Das Stimmrecht wird bei Nennbetragsaktien nach dem Nennwert und bei Stückaktien nach der Zahl ausgeübt. Bei Vorzugsaktien kann das Stimmrecht ausgeschlossen sein.
- Fehlerhafte (rechts- oder satzungswidrige) Beschlüsse der Hauptversammlung sind in einer Reihe von Fällen (besonders schwerwiegende Mängel) nichtig (allerdings ist Heilung möglich), sonst lediglich anfechtbar. Die Anfechtung muss innerhalb eines Monats erfolgen. Anfechtungsberechtigt sind Aktionäre, der Vorstand und u. U. einzelne Vorstands- oder Aufsichtsratsmitglieder.
- In der Hauptversammlung haben die Aktionäre einen Auskunftsanspruch betreffend die Angelegenheiten der Gesellschaft.
- Bei Erreichung der Beteiligungsschwelle von 95 % des Grundkapitals können die übrigen Aktionäre auf Verlangen des Hauptaktionärs gegen Gewährung einer angemessenen Barabfindung durch einen Hauptversammlungsbeschluss aus der Gesellschaft ausgeschlossen werden (sog. »Squeeze Out«).

Struktur der GmbH

Abb. 12 *Struktur der GmbH*

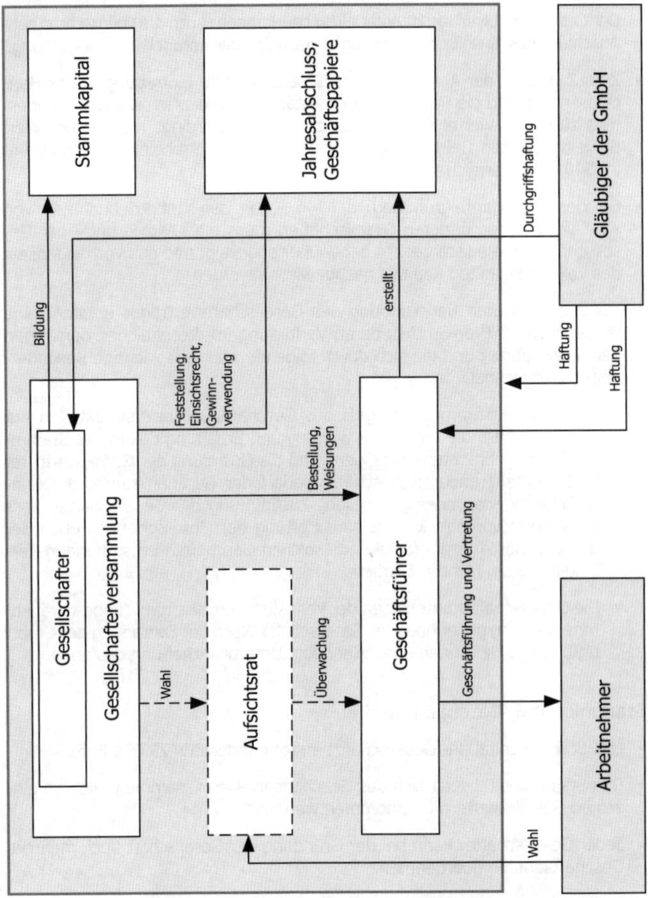

Struktur der GmbH

Besonderheiten bei der Gründung:

- Der Gesellschaftsvertrag ist notariell zu beurkunden. Auch die Vollmachten zum Abschluss des Gesellschaftsvertrages bedürfen der notariellen Beurkundung.
- Zum Zeitpunkt der Anmeldung der Gesellschaft zur Eintragung in das Handelsregister sind die Sacheinlagen vollständig und die Geldeinlagen mindestens zu einem Viertel ihres Wertes zu leisten. Allerdings müssen der Wert der eingezahlten Geldeinlagen und der Wert der Sacheinlagen insgesamt 12.500,- Euro erreichen.
- Bei der sog. Mantelgründung, d. h. in Fällen der »Inbetriebnahme« von »auf Vorrat« gegründeten Gesellschaften muss die »Aktivierung« der Gesellschaft dem Registergericht gegenüber angezeigt und das Vorhandensein des voll eingezahlten Kapitals nachgewiesen werden.
- Mit der notariellen Beurkundung des Gesellschaftsvertrages entsteht eine Vorgesellschaft (Vor-GmbH), deren Verfassung im Wesentlichen derjenigen der GmbH ähnelt und die sich durch folgende praktisch wichtige Besonderheiten auszeichnet:
  - Die Geschäftsführungsbefugnis des Geschäftsführers erstreckt sich auf alle Geschäfte, die auf die Verwaltung und Erhaltung des in das Stammkapital eingebrachten Vermögens und die Gründung der GmbH gerichtet sind. Für alle anderen Geschäfte bedarf der Geschäftsführer der (einzelfallbezogenen oder generellen) Zustimmung der Gesellschafter. Falls diese nicht vorliegt, kommt eine Haftung der Gesellschafter neben der des Geschäftsführers für die aus solchen Geschäften entstehenden Verbindlichkeiten nicht in Betracht.
  - Die Gesellschafter unterliegen der Verlustdeckungshaftung (unbeschränkte Innenhaftung gegenüber der Gesellschaft). Nach der Eintragung der GmbH bleibt diese Haftung in Form einer sog. Unterbilanzhaftung bestehen.

Stammkapital, Geschäftsanteile:

- Das Stammkapital der Gesellschaft beträgt mindestens 25.000 Euro.
- Das Stammkapital setzt sich aus Geschäftsanteilen zusammen, die von einzelnen Gesellschaftern übernommen werden.
- Jeder Gesellschafter kann bei der Gründung der Gesellschaft auch mehrere Geschäftsanteile übernehmen.

Struktur der GmbH

- Bei dem Erwerb eines zusätzlichen Geschäftsanteils durch einen Gesellschafter behalten beide Anteile ihre Selbständigkeit.
- Eine Stammeinlage muss auf mindestens einen Euro oder ein Vielfaches davon lauten.
- Für die Erbringung der Stammeinlagen müssen im Falle der Nichterfüllung durch den jeweiligen Gesellschafter seine Rechtsvorgänger aufkommen. Falls der Fehlbetrag weder von ihnen, noch im Wege der Versteigerung des Geschäftsanteils zu erlangen ist, muss der Fehlbetrag von den übrigen Gesellschaftern aufgebracht werden.
- Die Auszahlung des für die Erhaltung des Stammkapitals erforderlichen Vermögens ist verboten.
- Die Gesellschaft kann eigene Geschäftsanteile erwerben, soweit die Einlagen auf sie vollständig eingezahlt sind. Die Zulässigkeitsvoraussetzungen für einen solchen Erwerb sind dabei nicht so streng, wie für den Erwerb von eigenen Aktien durch eine Aktiengesellschaft.
- Im Gesellschaftsvertrag kann die Übertragung von Geschäftsanteilen von der Zustimmung der Gesellschaft abhängig gemacht werden.

Organe der Gesellschaft:

- Die Gesellschafterversammlung ist das maßgebliche Organ der Gesellschaft.
- Die Gesellschafterversammlung wird in der Regel durch den Geschäftsführer einberufen.
- Die Gesellschafterversammlung erteilt die für den Geschäftsführer verbindlichen Weisungen. Die unbeschränkte Vertretungsmacht der Geschäftsführer im Außenverhältnis wird dadurch nicht tangiert.
- Im Übrigen hat die Gesellschafterversammlung u. a. folgende Kompetenzen:
  - Feststellung des Jahresabschlusses und Beschluss über die Verwendung des Ergebnisses;
  - Prokura und Handlungsbevollmächtigung;
  - Vertretung der GmbH in Prozessen gegen den/die Geschäftsführer;
  - Geltendmachung von Regressansprüchen gegen Geschäftsführer oder Gesellschafter.

Struktur der GmbH

- Geschäftsführer wird grundsätzlich durch die Gesellschafterversammlung bestellt und abberufen; in den Gesellschaften mit in der Regel mehr als 2.000 Arbeitnehmern durch den Aufsichtsrat.
- Geschäftsführer muss die Gesellschaft mit der Sorgfalt eines ordentlichen Geschäftsmannes leiten.
- Bestellung des Geschäftsführers kann durch Gesellschaftsvertrag, Anstellungsvertrag oder Bestellungsbeschluss erfolgen.
- Der Widerruf der Bestellung ist zu jeder Zeit möglich, es sei denn, die Satzung verlangt das Vorliegen eines wichtigen Grundes.
- Der Aufsichtsrat ist bei den Gesellschaften zu bilden, die in der Regel mehr als 2.000 Arbeitnehmer (die Hälfte der Aufsichtsratsmitglieder sind Arbeitnehmervertreter) oder zwischen 500 und 2.000 Arbeitnehmern (die Arbeitnehmer bestellen ein Drittel der Aufsichtsratsmitglieder) beschäftigen. Im Übrigen kann die Bildung eines (freiwilligen) Aufsichtsrats im Gesellschaftsvertrag vorgesehen werden.

Haftungsregime:

- Für die Verbindlichkeiten der Gesellschaft haftet grundsätzlich nur die Gesellschaft mit ihrem Vermögen (und nicht nur mit dem Stammkapital).
- In Ausnahmefällen haften die Gesellschafter persönlich und unbeschränkt den Gläubigern der Gesellschaft gegenüber (sog. Durchgriffshaftung).
- Die Durchgriffshaftung besteht für die Fälle der existenzvernichtenden Eingriffe in die Gesellschaft und trifft jeden Gesellschafter, der die Vermögensmasse der Gesellschaft außerhalb des ordentlichen Liquidationsverfahrens entzieht oder seine Zustimmung zu einer solchen Vorgehensweise erteilt.
- Mit dieser Haftung kann außerdem in Fällen der Vermögensvermischung des Gesellschafters und der Gesellschaft, sowie der materiellen Unterkapitalisierung der Gesellschaft (gemessen an deren Geschäftszielen) gerechnet werden:
    - Vermögensvermischung im obigen Sinne tritt ein, wenn es auch anhand der Prüfung von betrieblichen Unterlagen unmöglich ist, festzustellen, ob vorhandene Gegenstände der Vermögensmasse der Gesellschaft oder des Gesellschafters zuzuordnen sind.

  - Materielle Unterkapitalisierung umfasst die Fälle des krassen Missverhältnisses zwischen dem der Gesellschaft von ihren Gesellschaftern zur Verfügung gestellten Eigenkapital und dem Bedarf der Gesellschaft an finanziellen Mitteln, der an den von der Gesellschaft verfolgten Geschäftszielen gemessen wird.

»GmbH-light«: die Unternehmergesellschaft (haftungsbeschränkt):

- Die Ausführungen zur GmbH gelten für die Unternehmergesellschaft (haftungsbeschränkt) grundsätzlich entsprechend. Folgende Besonderheiten sind jedoch zu beachten:
  - Stammkapital von einem Euro genügt;
  - Anmeldung der Gesellschaft zum Handelsregister darf erst erfolgen, wenn das Stammkapital in voller Höhe einbezahlt ist;
  - Sacheinlagen sind nicht möglich;
  - ein Viertel des Betriebsgewinns ist für die Bildung einer zweckgebundenen Rücklage zu verwenden.
- Wird das Stammkapital der Unternehmergesellschaft (haftungsbeschränkt) sukzessive auf mindestens 25.000 Euro erhöht, entfallen die Besonderheiten gegenüber der GmbH; die Gesellschaft kann dann als »GmbH« firmieren oder ihre frühere Bezeichnung beibehalten.

Struktur der GmbH & Co. KG

Abb. 13 *Struktur einer typischen GmbH & Co. KG*

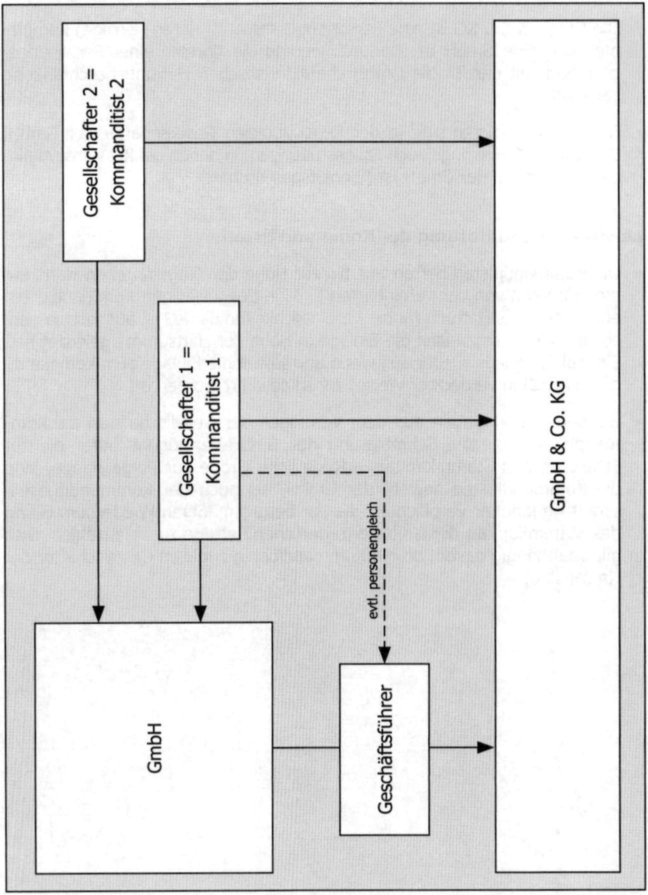

Struktur der GmbH & Co. KG

Struktur der Gesellschaft

- Die GmbH & Co. KG ist eine Personengesellschaft, deren (einzige) Komplementärin eine GmbH ist. Dadurch werden die Vorteile einer Personengesellschaft mit der für die GmbH charakteristischen Haftungsbeschränkung verbunden.

- Die Kommanditisten sind in der Regel zugleich Gesellschafter der GmbH. Zulässig sind allerdings auch Fallgestaltungen, in denen die KG selbst Alleingesellschafterin der GmbH ist (Einheitsgesellschaft).

Leistungen und Haftung der Kommanditisten

- Die Kommanditisten haften nur bis zur Höhe der eingetragenen Haftsumme. Sie kann von der vereinbarten Einlage des jeweiligen Kommanditisten abweichen. Die Haftung für die Verbindlichkeiten der KG ist ausgeschlossen, sobald der Kommanditist die Einlage in Höhe der Haftsumme geleistet hat. Sie lebt allerdings wieder auf, wenn und soweit die Einlage dem Kommanditisten (auch in verdeckter Weise) zurückgewährt worden ist.

- Bei den Auszahlungen aus dem Vermögen der Gesellschaft an die Kommanditisten, die die Schmälerung des GmbH-Vermögens unter die zur Erhaltung des Stammkapitals erforderliche Größe zur Folge haben, sind die Kommanditisten sowohl der GmbH, als auch der Kommanditgesellschaft gegenüber verpflichtet, die zur betragsmäßigen Wiederherstellung des Stammkapitals der GmbH erforderlichen Beträge zurückzuzahlen. Dies gilt unabhängig davon, ob die Kommanditisten zugleich Gesellschafter der GmbH sind.

Struktur der GmbH & Co. KG

Geschäftsführung und Vertretung der KG

- Die GmbH als Komplementärin ist für die KG geschäftsführungs- und vertretungsbefugt. Faktisch werden die Angelegenheiten der GmbH & Co. KG allerdings von dem Geschäftsführer der GmbH erledigt.
- Umfang der Geschäftsführungsbefugnis (Innenverhältnis): Sie umfasst nur die Handlungen, die der gewöhnliche Betrieb des Handelsgewerbes der KG mit sich bringt. Dieses Kriterium ist anhand des Inhalts und Umfangs des jeweiligen Rechtsgeschäfts mit Rücksicht darauf zu bestimmen, was in dem jeweiligen Handelszweig, dem das Unternehmen angehört, normalerweise vorkommen kann. Für außergewöhnliche Maßnahmen ist der Beschluss der Gesellschafter der KG erforderlich, an dem auch die Kommanditisten mitwirken.
- Die Vertretungsmacht (im Außenverhältnis) ist unbeschränkt und unbeschränkbar, und zwar auch für außergewöhnliche Geschäfte.
- Für den Fall, dass der Geschäftsführer der GmbH (meist als gleichzeitiger Gesellschafter derselben) zugleich Kommanditist der KG werden soll, ist das Selbstkontrahierungsverbot bei dem Abschluss des Gesellschaftsvertrages der KG zu beachten. Von diesem kann er entweder im Gesellschaftsvertrag der GmbH oder durch einen Einzelfallbeschluss der Gesellschafterversammlung der GmbH befreit werden.

Stichwortverzeichnis

Stichwortverzeichnis

Stichwortverzeichnis

Literaturverzeichnis

Beisel, W. und Klumpp, H.-H.	»Der Unternehmenskauf«, 6. Auflage, Beck Juristischer Verlag, 2009
Berens, W., Brauner, H. U. und Strauch, J. (Hrsg.)	»Due Diligence bei Unternehmensakquisitionen«, 4. Auflage, Schaeffer-Poeschel Verlag, Stuttgart, 2005
Diem, A.	»Akquisitionsfinanzierungen«, 2. Auflage, München, Beck Juristischer Verlag, 2009
Habersack, M., Mülbert, P. O. und Schlitt, M. (Hrsg.)	»Unternehmensfinanzierung am Kapitalmarkt«, 2. Auflage, Schmidt (Otto), Köln, 2008
Hettler, S., Stratz, R.-C. und Hörtnagl, R. (Hrsg.)	»Beck`sches Mandatshandbuch Unternehmenskauf«, Beck C. H., München, 2004
Hölters, W. (Hrsg.)	»Handbuch des Unternehmens- und Beteiligungskaufs«, 6. Auflage, Dr. Otto Schmidt KG Verlag, Köln, 2005
Holzapfel, H.-J. und Pöllath, R.	»Unternehmenskauf in Recht und Praxis«, 13. Auflage, RWS Kommunikationsforum Köln, 2008
Hötzel, O.	»Unternehmenskauf und Steuern«, 2. Auflage, IDW-Verlag, Düsseldorf, 1997
Picot, G., Mentz, A. und Seydel, E. (Hrsg.)	»Die Aktiengesellschaft bei Unternehmenskauf und Restrukturierung«, 4. Auflage, Beck Juristischer Verlag, München, 2003
Picot, G. (Hrsg.)	»Handbuch Mergers & Acquisitions«, 4. Auflage, Schäffer-Poeschel Verlag, Stuttgart, 2008
Picot, G. (Hrsg.)	»Unternehmenskauf und Restrukturierung«, 3. Auflage, Beck Juristischer Verlag, München, 2004
Rödder, T., Hötzel, O. und Mueller-Thuns, T.	»Unternehmenskauf Unternehmensverkauf«, C. H. Beck Verlag oHG, München, 2003
Schulte, C.	»Corporate Finance«, Vahlen Verlag, München, 2006

Impressum

© cometis publishing GmbH & Co. KG
Unter den Eichen 7, 65195 Wiesbaden, Deutschland
Alle Rechte vorbehalten.

3. überarbeitete Auflage 2010

Konzeption:

Dr. Andreas Zanner
Henryk Deter

Autor:

Dr. Andreas Zanner

Coverfoto:

cometis publishing GmbH & Co. KG, ImagePoint AG 567212

Projektleitung:

Ulrich Wiehle

Verantwortlich:

cometis publishing GmbH & Co. KG
Unter den Eichen 7
65195 Wiesbaden

Tel.: 0611 205855-0
Fax: 0611 205855-66

Mail: info@cometis.de
www.cometis.de
www.cometis-publishing.de

Leseproben

Leseprobe: Kennzahlen Dictionary

Eigenkapitalquote

Formel

$$\frac{\text{Eigenkapital}}{\text{Gesamtkapital}} \times 100\%$$

Rechenbeispiel

$$\frac{5.493}{10.134} \times 100\% = \mathbf{54{,}20\%}$$

Erläuterung

Die Eigenkapitalquote beschreibt die Beziehung zwischen Eigen- und Gesamtkapital. Je mehr Eigenkapital ein Unternehmen zur Verfügung hat, desto besser ist in der Regel die Bonität eines Unternehmens, desto höher ist die finanzielle Stabilität und desto unabhängiger ist das Unternehmen von Fremdkapitalgebern. Da Eigenkapital jedoch teurer ist als Fremdkapital (vgl. auch WACC, S. 228) belastet eine hohe Eigenkapitalquote die Rendite auf das eingesetzte Kapital. Für die Berechnung des Gesamtkapitals kann entweder die Bilanzsumme oder aber, wie von Finanzanalysten insbesondere für die Berechnung der Kapitalkosten üblich, nur die Summe aus Eigenkapital und zinstragendem Fremdkapital genommen werden.

Vorteile	Nachteile
• Stellt Art und Zusammensetzung des Kapitals dar • Einfach zu ermitteln • Dient zur Ermittlung der Verschuldung (Fremdkapitalquote) und lässt Rückschlüsse über die Stabilität eines Unternehmens zu • Im Industrievergleich hilfreich als Indikator für die relative, finanzielle Stärke eines Unternehmens	• Stark branchen- und bewertungsabhängig • Stille Reserven schmälern den tatsächlichen Wert des Eigenkapitals • Bilanzielle Werte stehen heute zunehmend den häufig genutzten Marktwerten gegenüber (z. B. Nutzung der Marktkapitalisierung anstelle des bilanziellen Eigenkapitals für Errechnung der Kapitalkosten)

Equity ratio

Formula

$$\frac{\text{Total equity}}{\text{Total capital}} \times 100\%$$

Sample calculation

$$\frac{5{,}493}{10{,}134} \times 100\% = \mathbf{54.20\%}$$

Explanation

The equity ratio describes the relationship between equity and total capital or total shareholders' equity and liabilities. As a rule, the more equity a company has available the better its credit-worthiness, the higher its financial stability and the more independent the company is from lenders. However, as equity is more expensive than debt (see also WACC, page 229), a high equity ratio depresses the return on capital employed. When calculating the equity ratio, we can either use total capital or, as generally practiced by financial analysts in particular when calculating the costs of capital, only use the sum of total equity and interest-bearing debt.

Advantages	**Disadvantages**
• Shows the type and composition of capital	• Depends heavily on industry and valuations
• Easy to calculate	• Hidden assets reduce the actual value of equity
• Serves to calculate the debt level (leverage) and allows assumptions to be made about a company's stability	• Balance sheet figures are now often being replaced by frequently used market values (e.g., use of market capitalization instead of balance sheet equity to calculate costs of capital)
• Helpful in same-industry comparisons as an indicator for a company's relative financial strength	

Leseprobe: Praxis-Leitfaden Corporate Finance

Einführung

Im Rahmen einer Eigenkapitalfinanzierung wird dem Unternehmen über eine Kapitalerhöhung neues Eigenkapital zugeführt, welches die Kapitalbasis des Unternehmens stärkt. Dies kann entweder über den öffentlichen oder den privaten Kapitalmarkt geschehen. Zu den Motiven zählen:

- Kapitalbeschaffung für zukünftige Investitionen (Primärziel)
- Diversifikation der Finanzierungsquellen
- Stärkung der Eigenkapitalbasis, ggf. zur Verbesserung der Kreditkonditionen bzw. Erweiterung der Fremdkapitalkapazitäten

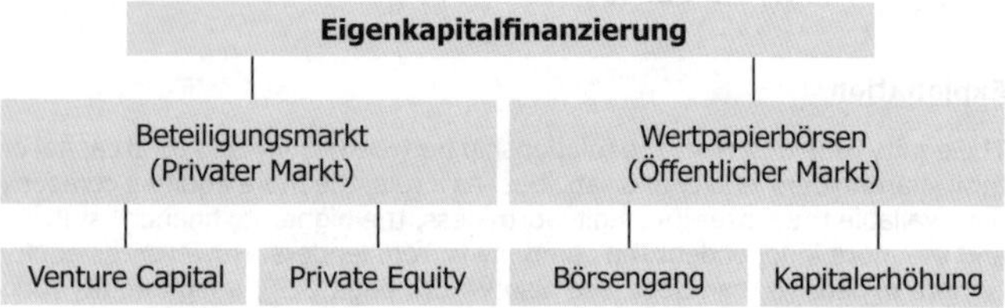

Abbildung 21: Struktur des Eigenkapitalmarktes

	Privater Markt	**Öffentlicher Markt**
Vorteile	• Hohe Flexibilität hinsichtlich der Vertragsgestaltung • Geringere Transaktionskosten • Keine Publizitätspflichten • In junger Unternehmensphase meist einzige Finanzierungsmöglichkeit	• Zukünftige Kapitalaufnahme wird erleichtert • Öffentliches Interesse • Diversifikation der Anteilseigner • Möglichkeit, Mehrheitsbeteiligung zu behalten (Familienunternehmen)
Nachteile	• Eingeschränkte Fungibilität der Anteile • Häufig starke Einflussnahme des Investors auf Geschäftsführung • I.d.R. Beteiligung auf Zeit (vier bis zehn Jahre)	• Umfangreiche Publizitätspflichten • Hohe Transaktionskosten sowie Folgekosten durch Börsennotiz • Abhängigkeit von der Kapitalmarktentwicklung • Zeitliches Engagement des Vorstandes notwendig (Roadshows)